DAVID MACÍAS GARCÍA
IGNACIO GONZÁLEZ LÓPEZ

Colaborador: José Luis Oltra Castañer

FOOTBALL MANAGEMENT
"liderar, comunicar, planificar, motivar, rendir"

©Copyright: DAVID MACÍAS GARCÍA e IGNACIO GONZÁLEZ LÓPEZ
©Copyright: De la presente Edición, Año 2018 WANCEULEN EDITORIAL

Título: FOOTBALL MANAGEMENT
Autor: DAVID MACÍAS GARCÍA e IGNACIO GONZÁLEZ LÓPEZ

Editorial: WANCEULEN EDITORIAL
Sello Editorial: WANCEULEN EDITORIAL DEPORTIVA
Colección: WANCEULEN FÚTBOL FORMATIVO

ISBN (PAPEL): 978-84-9993-929-2
ISBN (EBOOK): 978-84-9993-930-8

Depósito Legal: SE 1730-2018

Impreso en España. 2018

WANCEULEN S.L.
C/ Cristo del Desamparo y Abandono, 56 - 41006 Sevilla
Dirección web: www.wanceuleneditorial.com y www.wanceulen.com
Email: info@wanceuleneditorial.com

Reservados todos los derechos. Queda prohibido reproducir, almacenar en sistemas de recuperación de la información y transmitir parte alguna de esta publicación, cualquiera que sea el medio empleado (electrónico, mecánico, fotocopia, impresión, grabación, etc.), sin el permiso de los titulares de los derechos de propiedad intelectual. Cualquier forma de reproducción, distribución, comunicación pública o transformación de esta obra solo puede ser realizada con la autorización de sus titulares, salvo excepción prevista por la ley. Diríjase a CEDRO (Centro Español de Derechos Reprográficos, www.cedro.org) si necesita fotocopiar o escanear algún fragmento de esta obra.

AGRADECIMIENTOS

Después del largo y desafiante camino que ha supuesto la redacción de un documento de estas características, nos damos cuenta de que las palabras más importantes y sinceras que se van a escribir son aquellas que sirven para dar las gracias a quienes han colaborado de manera solidaria y desinteresada en el desarrollo de estas páginas.

Queremos agradecer a José Luis Oltra Castañer su respuesta a nuestra llamada para aportar una visión desde la práctica profesional alrededor de los diferentes hitos que rodean este trabajo. El trato mostrado en todo momento, su amabilidad y cariño, así como el esfuerzo generoso son dignos de elogio. Hay que destacar que este trabajo no se habría convertido en una realidad sin la ayuda profesa, apoyo y comprensión de José Luis, que ha colaborado en la posibilidad de convertir una ilusión en realidad, sin exasperación por su parte, sobre todo en los comienzos, cuando la adaptación de los conocimientos disciplinares de los autores al ámbito futbolístico estaban comenzando a fraguarse. En cada uno de los capítulos, y a partir de los conceptos en ellos trabajados, se incorpora la experiencia desde la práctica como entrenador de fútbol de José Luis, profesional que lleva casi dos décadas ejerciendo estas labores entre la máxima categoría del fútbol español y la segunda división, habiendo dirigido equipos de una gran envergadura como Levante, Murcia, Tenerife, Almería, Deportivo, Mallorca, Recreativo, Córdoba y Granada, entre otros. Hay que destacar que fue elegido para la colaboración de este libro por la gran admiración que tenemos hacia su forma de gestionar un grupo y porque creemos que se asemeja bastante a lo que se pretende desarrollar a lo largo de sus líneas.

Siempre te estaremos agradecidos.

ÍNDICE

Prólogo 9

Introducción 11

Capítulo 1. Hacia la consecución de un equipo eficaz 13
1.1. Introducción 13
1.2. Aproximándonos al concepto de equipo 14
1.3. La atribución de roles en el equipo 17
1.4. Identificación de criterios para la construcción de equipos eficaces 20
1.5. Experiencia desde la práctica 22

Capítulo 2. Cómo gestionar las emociones del equipo 25
2.1. Introducción 25
2.2. Reconocimiento de las emociones básicas 26
2.3. La inteligencia emocional y sus componentes: autoconciencia, autorregulación, motivación, empatía y habilidades sociales 31
2.4. Experiencia desde la práctica 34

Capítulo 3. El significado del liderazgo: del individuo al equipo 37
3.1. Introducción 37
3.2. El líder en el equipo: definición y características 38
3.3. Los estilos de liderazgo dentro del equipo: democracia vs. autocracia 41
3.4. El liderazgo transformacional 43
3.5. El entrenador como líder 45
3.6. Experiencia desde la práctica 47

Capítulo 4. Las habilidades comunicativas y su influencia en el éxito del equipo 49
4.1. Introducción 49
4.2. El proceso de comunicación y sus elementos constitutivos 50
4.3. La importancia de saber escuchar 55
4.4. Más allá de la palabra: la comunicación no verbal 58
4.5. Experiencia desde la práctica 62

Capítulo 5. La gestión del tiempo 65
5.1. Introducción...65
5.2. ¿Qué es el tiempo? 66
5.3. El tiempo personal vs. el tiempo profesional 67
5.4. La gestión eficaz del tiempo del equipo: planificación y
     priorización 69
5.5. Los enemigos del tiempo 74
5.6. Experiencia desde la práctica 76

Capítulo 6. Identificación de conflictos, su regulación y la toma de decisiones 79
6.1. Introducción...79
6.2. ¿Qué es un conflicto?: ocurrencia, características y tipología....80
6.3. Distintas estrategias para la toma de decisiones:
     negociación, arbitraje y mediación..83
6.4. Experiencia desde la práctica 90

Capítulo 7. Éxito y triunfo: "Sueño de líder"...................................93
7.1. Introducción...93
7.2. Espíritu emprendedor...94
7.3. La creatividad: definición, proceso, tipos, características y
     barreras..97
7.4. Éxito y triunfo: "Sueño de líder" 102

Referencias bibliográficas..105

PRÓLOGO

¿Qué significa ser entrenador de fútbol? ¿Qué habilidades y destrezas debe poseer un entrenador para que el equipo obtenga el éxito deseado? ¿Cuál es el perfil de un buen entrenador? Seguramente estas preguntas ya hayan sido respondidas desde una gran cantidad de textos y por un gran número de profesionales de este deporte, pero nunca a partir de las herramientas que aquí se formulan desde el *management* aplicado al fútbol.

Lo que diferencia este libro de otros muchos ya escritos es que pretende describir la figura de un entrenador de fútbol a partir de aquellas aptitudes, actitudes y habilidades que, por encima de lo técnico y lo táctico, lo conviertan en el líder de un grupo de trabajo eficaz. Destacan elementos relacionados con la configuración de equipos eficaces, la identificación del liderazgo individual y compartido, la gestión de las emociones, las habilidades comunicativas, la gestión del tiempo personal y profesional y la identificación de los conflictos y su resolución.

Es interesante destacar que al final de cada capítulo que compone esta obra se me ha dado la oportunidad de exponer, desde mi experiencia profesional, cómo estos elementos afectan de un modo directo al éxito (y al "fracaso") de los equipos en los que he tenido la oportunidad de entrenar, haciendo conscientes en muchas ocasiones elementos que daba por supuestos pero que, sin duda, es preciso trabajar y desarrollar de un modo explícito desde y para todo el equipo.

Personalmente, el libro me ha servido mucho por dos motivos, primero porque es fácil de leer y muy útil para el entrenador y, además, me ha dado una base teórico-práctica sobre muchos aspectos que un director de grupo debe poseer, que a veces las manejamos de manera casi inconsciente y esta lectura me ha servido para darle mucho más sentido. La segunda razón es que, al participar directamente con las reflexiones y experiencias personales al final de cada capítulo, he podido recapacitar, ordenar ideas, crecer, entender mucho mejor y, en definitiva, intentar reciclarme, aprender e intentar ser mucho mejor entrenador y gestor de grupos.

El libro se lo recomiendo a todo el mundo que pueda ser no sólo entrenador, si no también director o gestor de recursos humanos, ya que te facilita muchas herramientas para que lo puedas hacer, siempre con la interpretación del lector o su adaptación a su manera de ver y entender estos aspectos, que para mi, además de ser fundamentales, son los que hoy en día marcan las diferencias entre los buenos (jefes, entrenadores, directores...) y los mejores.

Sinceramente, leer este libro ha sido una experiencia muy gratificante para mi y no sólo por la lectura del libro en sí, sino porque me ha permitido conocer de forma más profunda y cercana a los autores. En este sentido, he podido percibir la dedicación, ilusión, pasión y ganas que le ponen a las cosas que hacen, además del tiempo que han empleado (renunciando al personal, familiar) y de lo metódicos y concienzudos que han sido para preparar cada capítulo. Personas capacitadas, preparadas y que merecen tener recompensa en la vida.

José Luis Oltra Castañer

INTRODUCCIÓN

Este libro ha sido creado pensando en la flexibilidad y en la carga laboral y personal de tiempo en la que estamos inmersos en esta sociedad, pudiendo ser leído por capítulos independientes o como un todo, dado que todas las partes tienen identidad propia y se conexionan entre sí.

Entendemos por *management* el proceso por el cual un grupo cooperativo dirige la acción hacia metas comunes, creando y manteniendo un ambiente interno agradable, donde los participantes que trabajan juntos pueden desempeñarse con eficiencia y eficacia hacia el logro de metas grupales. Su concreción en el fútbol es desarrollada por parte del entrenador, quien debe tener en cuenta no solamente las condiciones de este deporte colectivo, sino que requiere de la generación de un ambiente de cooperación entre los diferentes miembros del equipo que busque la consecución de objetivos colectivos que redunden en el éxito del mismo.

Este libro ha sido redactado como una oportunidad de mejora del rendimiento del futbolista y del equipo a través de los diferentes elementos que proporciona y establece la inteligencia emocional y los procesos de comunicación eficaz, convirtiéndose en una herramienta de asesoramiento profesional al *staff* técnico en el ámbito de la concepción e identificación de diferentes modelos de liderazgo, en la gestión de la motivación individual y grupal, en la regulación de los conflictos y en el apoyo creativo de los procesos de toma de decisiones. Se convierte éste en un manual multidimensional dirigido y enfocado al desarrollo del potencial de los diferentes integrantes del equipo, posibilitando un diálogo interactivo que aliente el deseo de rendir con eficacia y eficiencia en las distintas competiciones deportivas.

Este libro trata de delimitar los elementos constitutivos de un equipo de fútbol para ser considerado eficaz, mostrando la importancia de la comunicación en el desempeño profesional del futbolista donde aprender a escuchar de forma activa en diferentes ámbitos y entornos laborales es prioritario. Asimismo, se pretende potenciar el uso de la gestión emocional como herramienta de mejora de los procesos de comunicación intra e intergrupal, ofreciendo técnicas y herramientas de uso del tiempo que permitan optimizar el rendimiento, eficacia y bienestar del equipo y adquirir estrategias para la resolución de conflictos y la correcta toma de decisiones en pro de una mejora del éxito del equipo.

Este libro, si algo tiene de especial, es la gran amistad que hay entre los autores, y eso demuestra que el trabajar en equipo en un ambiente de cordialidad, afectividad, cariño y profesionalidad, sin egoísmos e imposiciones, genera buen trabajo y, sobre todo, genera satisfacción en el trabajo realizado, bases de un buen *management*.

Como autores principales, nos presentamos D. David Macías García y D. Ignacio González López, dos amigos laboralmente hablando que nos hemos convertido en algo más que familia. El primero, David Macías García se considera un *loco* del fútbol y de sus aspectos emocionales, una persona que dedica la mayor parte de su tiempo profesional y de ocio al análisis de aspectos relacionados directa o indirectamente con este deporte y que desarrolla su campo de investigación en el mismo, acompañando esto de una formación específica como entrenador nacional de fútbol y que tiene claro que quiere dedicar su vida laboral a este deporte.

Haciendo referencia a Ignacio González López, con el simple hecho de exponer que a su corta edad ya ha obtenido una plaza de catedrático de Universidad, dice mucho sobre cómo es a nivel profesional, pero destacar más aún si cabe su bondad y solidaridad en todos los aspectos, tanto a nivel laboral como personal, que es una de las claves por las que obtiene tanto éxito. Aclarar, que una de sus líneas de investigación es el *management* y la evaluación, lo cual lo ha desarrollado con multitud de entidades públicas y empresas privadas, desplazándose por multitud de lugares del mundo desarrollando su labor y dotando a su trabajo de gran calidad.

Esperando que sea de utilidad y de su agrado lo que aquí se expone y deseando que aporte herramientas, habilidades y conocimientos para la mejora de la práctica de entrenador en un banquillo, os deseamos una bonita lectura.

Capítulo 1

HACIA LA CONSECUCIÓN DE UN EQUIPO EFICAZ

> *"Juntarse es un comienzo.*
> *Seguir juntos es un progreso.*
> *Trabajar juntos es un éxito"*
>
> (Ford, 1920, citado en Londoño, 2008)

1.1. INTRODUCCIÓN

En este primer capítulo hablamos de la importancia del trabajo en equipo como estrategia para la obtención de resultados eficaces de manera colectiva. El objetivo de estas líneas es aproximar al lector al concepto de equipo de trabajo, aportar información sobre las características y los roles a desarrollar dentro de un grupo humano y ofrecer los criterios para la construcción de un equipo eficaz.

Debemos entender que la gestión de equipos es un conjunto de técnicas, procesos y herramientas que emplea el jefe del equipo (en este caso el entrenador de un equipo de fútbol) con el fin de organizar y coordinar a un conjunto de individuos (futbolistas) para un objetivo común (McFarlane y Cooper, 2014), dado que, si la gestión de un grupo por parte del entrenador no busca el trabajo grupal con un fin colectivo, difícilmente conseguirá ser un equipo competitivo. El entrenador suele tener un perfil completo y variado en el que hay tanto habilidades sociales como amplios conocimientos técnicos, multitud de experiencias en trabajo en equipo y aptitudes, capacidades e ideas de las cuales se beneficiarán todos los miembros, sin olvidar que la responsabilidad sobre el trabajo que se desempeña es compartida tanto por el entrenador como por los futbolistas. Un término que define los atributos de los entrenadores es la cohesión grupal, que supone la atribución de roles a cada miembro del equipo con el objetivo de dotar de importancia e implicación profesional a los miembros del grupo y creándose un buen clima de trabajo (Chiocchio y Essiembre, 2009). Todo ello nos llevará a construir un grupo de trabajo competitivo, el cual se consolidará con el tiempo y se convertirá en un equipo eficaz de alto rendimiento.

1.2. APROXIMÁNDONOS AL CONCEPTO DE EQUIPO

Cuando pensamos en la definición de equipo a todos se nos viene a la cabeza lo que nos propone la Real Academia Española (2017), entendiendo que es un grupo de personas unido para tratar de ganar una competición deportiva o un juego. Según Torrelles et al. (2011), entendemos por grupo un conjunto de personas con un alto nivel de energía que están comprometidos en el logro de unos objetivos comunes, que trabajan bien juntas, produciendo resultados de alta calidad. Para consolidar un grupo se debe analizar la estructura del mismo, favorecer la cohesión mediante la integración, observar líderes, aislados y rechazados para comprender su conducta y estimular la colaboración frente a la competición.

Por tanto, un equipo es un grupo de personas que persiguen una meta común, toman decisiones conjuntas sobre cómo deben alcanzar dicha meta, asumiendo tanto su responsabilidad individual como colectiva, de los resultados alcanzados. No obstante, no debemos olvidar que para conseguir el éxito en el equipo los componentes deben trabajar de forma cooperativa para conseguir el compromiso común, de este modo, cada miembro del equipo se convierte en una unidad poderosa de funcionamiento colectivo (Olmedilla, Ortega y Ortín, 2010), es decir, el trabajo de cada componente da lugar al resultado común, donde el total es más que la suma de sus partes individuales.

Por otro lado, debemos tener en cuenta cuáles son las características de los equipos. Entre las diferentes cualidades apostamos por las definidas por Mendoza (2016):

- Están integrados por diferentes personas.
- Interaccionan entre ellas.
- Buscan una finalidad común.
- Tienen un sentimiento de pertenencia al equipo.
- Respetan y cumplen una serie de normas establecidas colectivamente.
- Cada componente del equipo representa un papel y una función determinada.

Kozlowski e Ilgen (2006, p.79) definen el trabajo en equipo como "dos o más individuos que interactúan socialmente (cara a cara o de forma virtual); que poseen uno o más objetivos comunes; se han reunido para desarrollar una tarea organizacional relevante; demuestran interdependencia con respecto a la carga de trabajo, objetivos y resultados; tienen diferentes roles y responsabilidades; y se encuentran inmersos en un sistema organizacional". Los equipos no surgen de manera natural, sino que es una manera de trabajar, un sistema. Existen en contextos determinados, se desarrollan a partir de la actuación recíproca de cada uno de sus miembros dentro de un entorno y un tiempo, y se adaptan a las demandas circunstanciales más relevantes.

Las características del trabajo en equipo a tener en cuenta para conseguir la finalidad perseguida por el grupo y sus diferentes elementos constitutivos son las siguientes (García, 2013):

- **Metas comunes:** deben ser las mismas y conocidas por todos.
- **Liderazgo:** es fundamental tener un líder que gestione y dirija al equipo hacia la consecución de las metas perseguidas.
- **Comunicación:** la comunicación dentro del equipo es esencial no solo para conseguir las metas perseguidas sino también para solucionar los posibles conflictos que puedan surgir en el camino.
- **Resolución de problemas:** existe la posibilidad de que a los integrantes que realizan su trabajo conjuntamente les surjan problemas en la toma de decisiones y a la hora de obtener resultados. Estos conflictos pueden surgir por varios motivos: recursos escasos, diferentes personalidades o estilos de trabajo entre los integrantes miembros del grupo, diferentes sistemas de valores, ambigüedad de roles, mala planificación del trabajo en

equipo o diferentes objetivos. Por tanto, para resolverlos es fundamental identificar cual es el problema, determinar las causas o motivos, proponer varias alternativas para eliminarlos, evaluar las alternativas posibles y elegir cual es la mejor, ejecutar la alternativa seleccionada y hacer un seguimiento de la solución tomada.

- **Motivación:** supone el proceso que impulsa a una persona a actuar de una determinada manera o por lo menos origina una propensión hacia un comportamiento específico (Leo, Sánchez, Sánchez, Armado y García, 2012). Ese impulso a actuar puede provenir del ambiente (estimulo externo) o puede ser generado por los procesos mentales internos del individuo. La motivación es, en síntesis, lo que hace que un individuo actúe y se comporte de una determinada manera. Es una combinación de procesos intelectuales, fisiológicos y psicológicos que decide, en una situación dada, con qué rigor se actúa y en qué dirección se encauza la energía, por tanto, a través de una adecuada motivación los componentes del equipo establecerán compromisos para conseguir los objetivos comunes (Cantón y Checa, 2012).

- **Interdependencia:** la interdependencia nos pide que seamos capaces de aprender a depender de los demás. A la hora de trabajar, esto se traduce en compartir un conjunto de principios con otros profesionales de forma comprometida y responsable, con el fin de alcanzar los objetivos que planificamos en nuestro plan de trabajo (Rico y cohen, 2005). Hay que trabajar la interdependencia positiva, que propicia la responsabilidad para llevar a buen término la participación en un proyecto, facilitando y potenciando el trabajo de los otros profesionales (Van der Vegt et al., 2001). Todos los miembros del equipo son esenciales y aprendiendo unos de otros se dirigirán a conseguir los objetivos comunes.

Si nos centramos en un deporte de equipo específico como es el fútbol, observamos que el juego desplegado por un equipo de fútbol no depende sólo de las habilidades de cada uno de los jugadores. De ahí que resulte un hecho probable y contrastable que muchos jugadores fracasan o triunfan al cambiar de equipo, siendo sus habilidades personales las mismas, pero su función, estancia y pertenencia al grupo no se da de la misma forma ni en el mismo grado de confianza, respeto y posición. La complementariedad de las funciones puede hacer que el equipo en el que juegue mejor no sea el equipo que tenga los mejores jugadores, sino el que sabe jugar mejor en equipo. Un equipo de fútbol debe ser un grupo. Para serlo debe tener metas, aspiraciones y características diferenciales a las de cada uno de los integrantes, primar lo colectivo sobre lo individual y competir en conjunto. El grupo puede aumentar la conformidad, la tenacidad, la motivación y otras muchas conductas que los jugadores no exhibirían de forma aislada en otro equipo (Cunillera, 2006).

Del mismo modo, el rendimiento individual cambia en función de las situaciones grupales (Bunderson, 2003). Por ello, el rendimiento de un deportista cambiará en función del grupo en el que se encuentre. Los grupos marcan la diferencia aparte del juego o cualquiera de las formas de interpretar los diferentes estilos de juego. El entrenador, al fichar a un futbolista debe tener este aspecto en cuenta y no solo el nivel técnico-táctico, el cómo se adaptará al juego y, lo más importante, cómo se adaptará al grupo.

1.3. LA ATRIBUCIÓN DE ROLES EN EL EQUIPO

Cuando nos enfrentamos a un equipo que está compuesto por personas con diferente carácter, personalidad, preferencias, etc., debemos gestionar de una forma correcta estas particularidades para evitar ambientes tóxicos. Para ello, a la hora de formar equipos hay que identificar los diferentes tipos de patrones conductuales (Cruz-Lemus, et al. 2012) que condicionan al equipo y a la búsqueda de los objetivos comunes, entre las que destacan las agresivas, las pacíficas, las alegres, las autoritarias, las tímidas, las carismáticas, las intolerantes y las egoístas.

Pero antes de definir y explicar los tipos de roles que existen debemos preguntarnos en primer lugar qué es un rol de equipo, concepto el cual entiende Belbin (1981) como nuestra particular tendencia a comportarnos, contribuir y relacionarnos socialmente. En un equipo cada miembro uno desempeña un rol que es comprendido por el resto de miembros.

Podemos, en este momento, atender a una clasificación de roles (Albaina et al., 2013) que identificamos como proclive a ser tenida en cuenta a la hora de definir las actuaciones de los miembros de un equipo de fútbol:

- **La persona positiva:** contagia de su entusiasmo al equipo, busca el éxito y se involucra en el proyecto.
- **El crítico:** todo le parece mal, no aporta soluciones y destruye el ambiente de trabajo.
- **El discutidor:** no está ni de acuerdo ni se conforme con nada.
- **El inoportuno:** Hace comentarios fuera de lugar en el momento más inadecuado.
- **El hablador:** nunca calla, discute, dificulta, interrumpe y alarga las sesiones, impidiendo que el equipo se centre en el compromiso común-
- **El listo:** aunque posee buena formación no es del todo eficaz y sólida, y tiene tendencia a saber de todo.
- **El pícaro:** se aprovecha del equipo sutilmente y no aporta nada al equipo por lo que se deteriora el ambiente.
- **El rígido:** aunque es una persona muy entregada al equipo presenta poca flexibilidad.
- **El reservado:** a pesar de poseer los conocimientos pertinentes no participa.
- **El gracioso:** aunque sus aportaciones profesionales no sean demasiado profesionales mejora la cohesión y la relación de grupo.
- **El organizador:** Es la persona que lleva las riendas del equipo, interesado y preocupado en que se avance, se superen las dificultades y se consigan los compromisos propuestos.
- **El subempleado:** al desempeñar tareas por debajo de sus capacidades acaba por perder el interés.
- **El incompetente:** Lo opuesto del anterior. Asume responsabilidades por encima de sus capacidades lo que provoca efectos negativos en el equipo.

Conforme un equipo trabaja y se familiariza con la realización de los compromisos, los roles se crean de forma natural. De esto modo, los individuos descubren sus habilidades técnicas, sociales y emocionales en el equipo, y esto repercute de forma positiva en el equipo. Es decir, cada uno irá ofreciendo su postura convirtiéndola en un rol positivo en la búsqueda del compromiso común. De este modo, es de vital importancia que los roles que se produzcan en el equipo tengan un carácter de unión (positivos) y no de barrera (negativos) (Delamaza, 2013).

Los roles negativos que perjudican el trabajo del equipo y la consecución de sus objetivos son:

- **Obstructor**: adopta una postura negativa porque lleva la contraria a todo el mundo.
- **Agresor:** critica y censura, es hostil al equipo provocando el deterioro de las relaciones interpersonales.
- **Chivo expiatorio:** es la persona a la que el equipo culpa de todo lo malo ocurrido en el equipo, mientras que los demás mantienen su autoestima alta y positiva.
- **Dominador:** manipula al equipo o alguno de sus miembros a través de la astucia, chantaje, miedo, etc. solo piensa en su propio beneficio sin importarle el equipo.
- **Ausente:** no se considera parte del equipo, no aporta ni ofrece nada.
- **Charlatán:** no deja hablar a los demás, habla demasiado por el deseo de destacar.
- **Cerrado:** solo considera válidas sus ideas y argumentos no escucha los argumentos o ideas que puedan aportar otros miembros del equipo. Es una persona muy rígida y fiel a sus pensamientos.

Sin embargo, los roles positivos benefician la dinámica de funcionamiento del equipo, contribuyendo a la consecución de los objetivos del equipo son:

- **Líder:** es la persona que lleva las riendas del equipo, por tanto, asume funciones de responsabilidad, coordinación y moderación.
- **Alentador:** es la persona que proporciona motivación al equipo, alabando las aportaciones de los demás y aceptando múltiples puntos de vista.
- **Conciliador:** sabe cómo subsanar las tensiones y los conflictos.
- **Informador:** proporciona información y conocimientos objetivos y útiles al equipo que le ayuda a avanzar.

- **Tranquilo:** a pesar de que participa poco tienen buena predisposición hacia lo que propone el equipo y está interesada en el compromiso que el equipo quiere conseguir.
- **Organizador:** aunque no es un líder tiene capacidades y habilidades para reunir ideas, comentarios, sugerencias y es capaz de esquematizar y sintetizar todo lo que se dice.

En definitiva los roles positivos siempre aportan ideas, actúan y deciden, es decir, ayudan a formar un trabajo de equipo más completo y eficaz; sin embargo, los roles obstaculizadores o de barrera tienden dificultar la buena marcha del trabajo en equipo, por lo que el líder o coordinador deberá identificar y reconducir para que el funcionamiento del equipo no se vea perjudicado (Ros, 2007).

1.4. IDENTIFICACIÓN DE CRITERIOS PARA LA CONSTRUCCIÓN DE EQUIPOS EFICACES

Podemos definir el concepto de equipo eficaz como aquella excelente coordinación entre los miembros del mismo, esforzándose por conseguir los objetivos comunes propuestos (Warren y Danner, 2004). ¿Cómo podemos formar un equipo de altamente eficaz? Vamos a proponer algunos criterios que facilitan la creación de equipos eficaces (Gil et al., 2008):

1. LIDERAZGO EFECTIVO: los equipos reciben una clara dirección de su líder por ello, es esencial que el equipo tenga a un líder que saque lo mejor de cada miembro y del equipo en su totalidad, logrando un ambiente adecuado de trabajo y una gran motivación en el equipo.
2. ESTRUCTURA Y LÍMITES: hay que establecer los límites, reglas y normas que deben cumplirse en el equipo.
3. DEFINICIÓN DE OBJETIVOS Y ROLES: cada miembro del equipo debe tener claro el compromiso común que persiguen, así como los roles que cada uno tiene que desarrollar para alcanzar tal compromiso. Los objetivos deben ser reales para que se puedan alcanzar a corto plazo y así evitar que el equipo se frustre.
4. SELECCIÓN DE INTEGRANTES: a la hora de seleccionar a los integrantes de nuestro equipo debemos tener en cuenta sus aptitudes, habilidades

y talentos, tratando que sean diferentes entre ellos para conseguir que haya compatibilidad.

5. ESTABLECER UNA VISIÓN COMÚN Y GENERAR COMPROMISOS: el equipo debe tener el mismo objetivo y saber cómo llegar hasta él. Además, deben compartir el mismo sentimiento de pertenencia y de compromiso al equipo, de este modo se esforzarán por alcanzarlo.

A estos criterios, es fundamental añadir uno nuevo, que el equipo establezca sesiones para dialogar sobre los avances, experiencias, resultados, errores, etc., de forma que el equipo reflexione sobre qué aspectos pueden mejorar para conseguir los objetivos propuestos.

No obstante, de todas las cualidades que definen a un equipo eficaz, sin duda la más importante es el liderazgo, del cual hablaremos de forma más extensa a lo largo del capítulo 3.

Del mismo modo, presentamos otros ingredientes a tener en cuenta para formar equipos efectivos, a través de los cuales mejoraríamos los resultados y provocaríamos una mayor eficacia en las tareas grupales a realizar, tanto con los futbolistas como con los propios agentes del staff técnico. Entre ellos queremos destacar (Carrasco y De Costa, 2013):

- Objetivos claros: la meta y las directrices deben ser claras con el fin de conseguir los objetivos propuestos.
- Recursos adecuados: debemos asegurarnos de que contamos con los recursos y herramientas necesarios para conseguirlo.
- Roles definidos: cada miembro del equipo debe tener claro qué rol va a desempeñar dentro del equipo para logar los objetivos.
- Liderazgo fuerte: es esencial establecer un liderazgo con cada miembro del equipo, para ello los líderes construyen sus relaciones a base de confianza y lealtad sin amenazas ni castigos sino mediante la armonía.
- Busca el consenso: alcanzar el consenso proporcionará mayor compromiso y eficacia entre los miembros del equipo. Para ello, todos los componentes deben cumplir las normas establecidas y proporcionar ideas o propuestas de mejora durante las reuniones.

- Alimenta el intercambio de ideas: es fundamental promover la escucha y el intercambio de ideas de forma que se aumentará la creatividad en la toma de decisiones.
- Mantén tu palabra: si te comprometes a hacerlo debes asegurarte de que eres capaz de hacerlo. De este modo, los demás miembros del equipo confiarán en ti.
- Ofrece feedback y reconoce los logros: el equipo debe tener clara sus prioridades y obtener feedback para saber si están cumpliendo o no los objetivos propuestos.
- Descubrir la correcta combinación de personas, experiencia y conocimientos para gestionar equipos es fundamental para conseguir el éxito en la búsqueda de los objetivos comunes y poder dotar de la mayor eficacia y eficiencia al equipo. Esto permitirá generar un nosotros ante un yo y conseguir, mediante procesos de participación y negociación colectiva, el éxito.

1.5. EXPERIENCIA DESDE LA PRÁCTICA (ENTREVISTA A JOSÉ LUIS OLTRA)

"Entiendo que todo equipo y todo grupo tienen su propia personalidad, sus propias circunstancias y su propia historia. A los equipos los hacen comunes y diferentes las personas que lo componen y sus caracteres y formas de ser; les hace comunes que tienen que cumplir unos objetivos y que dentro de cada grupo o equipo todos adoptan unos roles que pueden cambiar y que tienen que asumir según la marcha del equipo. Les hace diferentes que las circunstancias difieren en cada equipo, tanto por las personas que lo componen como por los propios entornos donde están, haciendo hincapié en que cada grupo o equipo escribe su propia historia que en otra temporada distinta también sería diferente en función de sus circunstancias.

Haciendo referencia a los roles dentro del equipo, hay muchos tipos, por ejemplo "el líder", que no sólo son los capitanes del equipo, dado que entiende que va más con el carácter y con la forma de ser de la persona en concreto, dado que dentro de un equipo hay multitud de formas de ser diferentes, como por ejemplo: el que nada le parece bien y todo lo crítica y cuestiona, está el gracioso, el que todo lo sabe, el pícaro, el introvertido, el organizador o animador, etc.; en definitiva, roles hay muchos pero cada individuo asume un tipo de rol en consonancia con su personalidad y carácter. Estos roles no los asigna el entrenador en ningún momento, se asumen dentro del grupo por el propio carácter de la persona y por su forma de ser; el entrenador, en la mayoría de casos, se aprovecha de estos roles y puede en algún caso tirar de ellos ayudando a asumir ese rol, esto va más relacionado por ejemplo con el liderazgo, dado que si surge algún problema el auténtico líder del grupo debe ser el propio entrenador y la mejor manera de asumir el liderazgo es seduciendo y convenciendo más que imponiendo, por lo que los conflictos se solucionan con conversaciones individuales o grupales e implicando a todos.

Para concluir, es necesario aclarar que la gestión del grupo es lo más difícil y lo que marca la diferencia entre los entrenadores actualmente, ya que en la mayoría de casos salimos con una cierta preparación profesional, a nivel táctico, técnico, físico, etc. Por tanto, la diferencia entre los diferentes entrenadores que nos encontramos en la actualidad está en la gestión del grupo y esto va de la mano en realizar un trabajo para convencer con palabras acompañadas de hechos, predicando con el ejemplo y con tu capacidad a todos los niveles, tanto profesional como personal. El entrenador debe empatizar con el grupo, marcar claramente los objetivos y que estos sean factibles y alcanzables y debe implicar a todo el mundo para poder lograr dichos objetivos."

Capítulo 2

CÓMO GESTIONAR LAS EMOCIONES DEL EQUIPO

El logro real no depende tanto del talento como de la capacidad de seguir adelante a pesar de los fracasos (Goleman,1995, p. 332)

2.1. INTRODUCCIÓN

Los equipos están formados por personas, y por lo tanto por emociones humanas. Gestionar y clasificar estas emociones está dentro de las responsabilidades de aquellos profesionales que tienen personas a su cargo y en el caso del fútbol, uno de los deportes de equipo por excelencia, este trabajo recae sobre el entrenador y su staff técnico. Por suerte para los equipos, hoy día se sabe que las personas no pueden ni deben desprenderse de su dimensión afectiva en el lugar de trabajo (Feldman y Blanco, 2006) y es por este motivo por el cual los directivos tienen encomendada la labor de hacer que su equipo sea eficiente y, para lograrlo, deben gestionar la dimensión emocional de los profesionales, en este caso futbolistas, que componen su equipo.

La atención al entorno emocional ha sido tradicionalmente una asignatura pendiente en el mundo de las organizaciones profesionales y de los deportes colectivos, pero, afortunadamente, los expertos en gestión de personas y los entrenadores son plenamente conscientes de que las emociones son las responsables del éxito profesional en un 80%, por lo que la formación en inteligencia emocional, gestión de grupos y competencias de liderazgo y dirección de equipos no se puede dejar en manos del azar (Guerri, 2016). En este libro, hablamos de todo esto de una manera concreta.

Para poder llevar adelante las responsabilidades profesionales, un entrenador debe saber que las emociones están presentes en todas las acciones que se llevan a cabo en el entorno laboral: las reuniones de trabajo, la toma de decisiones o las entrevistas personales con los jugadores y otros agentes del entorno, como, por ejemplo, los periodistas, directivos, agentes de futbolistas, etc. Si se gestionan y canalizan las emociones de forma positiva y constructiva, éstas serán un gran apoyo y tendrán un gran poder para promover una buena gestión de los miembros integrantes del grupo en el ámbito profesional y personal. No obstante, si se gestionan de forma incorrecta, se convierten en obstáculos que generan en los profesionales y en su entorno graves y profundas alteraciones, como ansiedad, estrés, frustración, falta de confianza, bajo rendimiento, ineficacia y una serie de factores y variables que sólo aportaran negatividad al equipo empeorando los resultados (Ros et. Al. 2013).

Debido al papel que desempeña el entrenador dentro de su equipo, este tiene una elevada capacidad de influencia sobre las personas que forman parte de él y, por tanto, debe asumir esta responsabilidad, ya que en muchas ocasiones es el foco en el que se originan múltiples y variadas emociones en las personas que le rodean. Esta responsabilidad implica ser capaz de generar emociones positivas, dado que la motivación desde el punto de vista optimista mejora la capacidad de trabajo cooperativo y la autoestima personal de los individuos del grupo (Cortés- Valiente, 2017).

2.2. RECONOCIMIENTO DE LAS EMOCIONES BÁSICAS

Como se ha observado a lo largo de la historia las emociones son de gran importancia para entender el comportamiento humano. Podemos encontrar una gran diversidad de definiciones sobe las emociones. No obstante, Levenson (1994) afirmó que las emociones son como un proceso que se activa cuando el organismo detecta algún peligro, amenaza o desequilibrio con el fin de movilizar los recursos a su alcance para controlar la situación. Observamos que para el autor las emociones son situaciones desconocidas o alarmantes donde tenemos que responder a ello, tratando de controlar la situación.

Las emociones, a su vez, se pueden definir desde diferentes enfoques según Oatley (1992) y Levenson (1994), desde la visión psicológica, fisiológica o conductual. Desde el punto de vista de la psicología, las emociones alteran la atención, hacen subir de rango ciertas conductas guía de respuestas del individuo y activan redes asociativas relevantes en la memoria. Si hacemos referencia al ámbito fisiológico, las emociones organizan rápidamente las respuestas de distintos sistemas biológicos, incluidas las expresiones faciales, los músculos, la voz, la actividad del sistema nervioso y la del sistema endocrino, con la finalidad de optimizar el comportamiento y que este mejore en efectividad. Y desde el punto de vista conductual, las emociones sirven para establecer nuestra posición con respecto a nuestro entorno, y nos impulsan hacia ciertas personas, objetos, acciones, ideas y nos alejan de otros.

Según Reeve (1994), para reconocer las emociones básicas y poder captar lo que siente la otra persona, debemos conocer las funciones que tienen las emociones, entre las que se encuentran las funciones adaptativas, las sociales y las motivacionales.

La función adaptativa (Bisquerra, 2000) pretende preparar al ser humano para que ejecute correctamente la conducta requerida por el entorno, dirigiendo dicha conducta hacia el objetivo buscado. Choliz (2005), destaca ocho funciones principales de las emociones y establece un lenguaje funcional (protección, destrucción, rechazo, afiliación, etc.) que identifica cada una de dichas reacciones con la función adaptativa (miedo, ira, tristeza, etc.) que le corresponde. La correspondencia entre la emoción y su función se refleja en la tabla 1.

Atendiendo al ámbito social, la función primordial de las emociones es generar la aparición de conductas apropiadas, debido a que a través de la expresión de las emociones reconocemos el comportamiento asociado con las mismas, siendo de gran importancia en las relaciones interpersonales (Díaz y Gámez, 2010). Sin embargo, es necesario el control de algunas reacciones emocionales (miedo, tristeza, ira, etc.) que perjudican las relaciones sociales e incluso a la propia estructura y funcionamiento de grupos sociales.

Tabla 1: Funciones de las emociones

Lenguaje adaptativo	Lenguaje funcional
Miedo	Protección
Ira	Destrucción
Alegría	Reproducción
Tristeza	Reintegración
Confianza	Afiliación
Asco	Rechazo
Anticipación	Exploración
Sorpresa	Exploración

Fuente: Choliz (2005)

En último lugar, y en referencia a la función motivacional, cabe destacar que existe una relación entre emoción y motivación. Como ya hemos mencionado la emoción permite una eficaz ejecución de la conducta necesaria en cada situación. De este modo, la cólera facilita las reacciones defensivas, la alegría la atracción interpersonal, la sorpresa la atención ante nuevos estímulos, etc. La relación entre motivación y emoción permite que una emoción determine la aparición de una conducta motivada (Deckers, 2001), la dirige hacia un determinado objetivo y hace que se ejecute con intensidad.

Díaz y Gámez (2010) establecen una serie de requisitos que deben cumplir las emociones para ser consideradas como básicas:

- Tener un sustrato neural específico y distintivo
- Tener una expresión o configuración facial específica y distintiva
- Poseer sentimientos específicos y distintivos
- Derivar de procesos biológicos evolutivos
- Manifestar propiedades motivacionales y organizativas de funciones adaptativas

En el año 1972, Paul Ekman afirmó que las emociones son básicas o biológicamente universales en el ser humano y que son: sorpresa, miedo, ira, asco, tristeza, felicidad y desprecio.

No obstante, en el año 1990, el propio Ekman amplió esta lista de emociones básicas e incluyó tanto emociones positivas como negativas y en una nueva investigación, en el año 2003, las agrupo en: alivio, bochorno, complacencia o contento, culpa, diversión, desprecio o desdén, entusiasmo o excitación, felicidad, ira o rabia, miedo o temor, orgullo o soberbia, placer sensorial, repugnancia, repulsa, asco o repulsión, satisfacción, sorpresa y vergüenza.

Por otro lado, Damasio (2005) entiende que las emociones son acciones que se expresan en el rostro, la voz o en conductas específicas tendientes a mantener la homeostasis del organismo. Damasio (2005) distingue dos tipos:

1. *Emociones primarias o básicas:* estados emocionales biológicos, cuya expresión es universal e innata tales como alegría, tristeza, enojo, miedo e ira. Son emociones de rápida aparición, pero duración limitada, ligadas fundamentalmente a la supervivencia.
2. *Emociones secundarias:* son emociones que surgen de la combinación de emociones primarias. Por ejemplo, el resentimiento surgiría de la combinación de la tristeza y la rabia.

Podemos decir que a través del reconocimiento facial podemos reconocer las emociones básicas, teniendo en cuenta que las expresiones faciales son universales (Jeanneret et al. 2015), siendo empleadas para transmitir mensajes sobre el estado interno del emisor y convirtiéndose en fundamentales para la regulación de la comunicación y la supervivencia de los individuos.

Para López y Rodríguez (2015) las emociones que pueden distinguirse entre sí por su expresión facial son: placer, interés, sorpresa, tristeza, ira, asco, miedo y desprecio, y consideran como una misma emoción la culpa y la vergüenza.

Debido a papel primordial que Ekman (2003) atribuye a la expresión facial en el reconocimiento de emociones básicas, elaboró unas técnicas para codificar acciones faciales. Por tanto, se publicaron códigos que permiten describir las acciones visibles de los músculos faciales para establecer relaciones con las emociones básicas que le corresponden (Ekman, 1993) (ver tabla 2).

Tabla 2: Prototipos fundamentales de expresión emocional

Emoción	Base muscular de la expresión	Acción principal
Alegría	Cigomático mayor. Orbicular de los párpados, porción orbitaria.	Retrae oblicuamente las comisuras de los labios. Eleva las mejillas.
Ira	Elevador parpado superior. Elevador propio del labio superior. Relajación del masetero, del temporal y del pterigoideo.	Aproximan y descienden las cejas. Eleva el parpado superior. Eleva el parpado inferior. Eleva el labio superior. Estrecha los labios. Desciende la mandíbula.
Miedo	Elevador parpado superior. Risorio. Frontal: ceñir parte lateral y superior.	Eleva las cejas. Aproxima las cejas. Eleva el parpado superior. Alarga las comisuras de los labios. Separa los labios.
Sorpresa	Elevador parpado superior. Frontal: ceñir parte lateral y superior.	Eleva las cejas. Eleva el parpado superior.
Desagrado	Elevador común labio superior y del ala de la nariz. Cuadrado de la barba y triangular de la barba.	Arruga la nariz. Desciende el labio inferior. Desciende las comisuras de los labios y la mandíbula.
Tristeza	Borla del mentón.	Eleva la cabeza de las cejas. Aproxima las cejas. Eleva la barbilla.

Fuente: Ekman (1993)

En definitiva, si nos preguntásemos qué es una emoción, muy pocas personas afirmarían poder definirla y entenderla, aunque todo el mundo cree saber lo que son, es decir, el reconocimiento de las emociones conlleva de un conocimiento teórico de las mismas para poder reconocerlas en la práctica situacional.

2.3. LA INTELIGENCIA EMOCIONAL Y SUS COMPONENTES: AUTOCONCIENCIA, AUTORREGULACIÓN, MOTIVACIÓN, EMPATÍA Y HABILIDADES SOCIALES

Para controlar las emociones que surgen en un momento determinado y que parecen difíciles de intervenir, surge la inteligencia emocional como una habilidad para percibir, asimilar, comprender y regular las propias emociones y las de los demás, promoviendo un crecimiento intelectual y emocional (León, 2010).

Por tanto, la inteligencia emocional consiste, según Goleman (1995, pp. 43-44), en:

1. **Conocer las propias emociones:** El principio de Sócrates "*conócete a ti mismo*" se refiere a esta pieza clave de la inteligencia emocional: tener conciencia de las propias emociones; reconocer un sentimiento en el momento en que ocurre. Una incapacidad en este sentido nos deja a merced de las emociones incontroladas.

2. **Manejar las emociones:** La habilidad para manejar los propios sentimientos a fin de que se expresen de forma apropiada se fundamenta en la toma de conciencia de las propias emociones. La habilidad para suavizar expresiones de ira, furia o irritabilidad es fundamental en las relaciones interpersonales.

3. **Motivarse a sí mismo:** Una emoción tiende a impulsar hacia una acción. Por eso, emoción y motivación están íntimamente interrelacionados. Encaminar las emociones, y la motivación, hacia el logro de objetivos es esencial para prestar atención, automotivarse, manejarse y realizar actividades creativas. El autocontrol emocional conlleva a demorar gratificaciones y dominar la impulsividad, lo cual suele estar presente en el logro de muchos objetivos. Las personas que poseen estas habilidades tienden a ser más productivas y efectivas en las actividades que emprenden.

4. **Reconocer las emociones de los demás:** Un don de gentes fundamental es la empatía, la cual se basa en el conocimiento de las propias emociones. La empatía es la base del altruismo. Las personas empáticas sintonizan mejor con las sutiles señales que indican lo que los demás necesitan o desean. Esto las hace apropiadas para las profesiones de la ayuda y servicios en sentido amplio (profesores,

orientadores, pedagogos, psicólogos, psicopedagogos, médicos, abogados, expertos en ventas, etc.).

5. **Establecer relaciones:** El arte de establecer buenas relaciones con los demás es, en gran medida, la habilidad de manejar las emociones de los demás. La competencia social y las habilidades que conlleva, son la base del liderazgo, popularidad y eficiencia interpersonal. Las personas que dominan estas habilidades sociales son capaces de interactuar de forma suave y efectiva con los demás.

Teniendo en cuenta que el fútbol es un deporte de equipo, y los equipos están formados por individuos, cabe destacar que esta inteligencia puede desarrollar muchos beneficios, tanto a nivel individual como grupal. Por eso, se entiende la inteligencia emocional en una perspectiva futbolística como la capacidad de sentir, entender, controlar y modificar estados de ánimo propios como del resto de compañeros del equipo (Mayer et al. 2008). Además, este concepto en el ámbito de un vestuario se puede entender como un conjunto de habilidades (las cuales explicaremos posteriormente) que sirven para potenciar el trabajo del futbolista en todos sus niveles y ámbitos (tanto físico, mental como táctico) (Arruza et al. 2013).

A través de esta inteligencia se mejora la eficiencia del propio futbolista optimizando la capacidad de asimilar, archivar, procesar y utilizar la información que será usada en las dificultades surgidas en la práctica competitiva de un partido de fútbol y además inicia, dirige y controla las operaciones mentales y las acciones que den soluciones a esos problemas planteados (Canton y Checa, 2012). Por tanto, los beneficios que la inteligencia emocional aporta al futbolista, viene encaminado por un mayor control del estrés, por una mejora en la fluidez de las relaciones sociales, por un mejor control de la ansiedad, por la mayor voluntad y predisposición hacia el afrontamiento de los miedos y por una regulación de la agresividad. Si atendemos a las aportaciones que dicha inteligencia aporta al entrenador en concreto, nos aporta la capacidad de sentir, entender, control, asimilar y modificar estados de ánimo propios y ajenos, aportando un conjunto de habilidades (empatía, asertividad, autocontrol, perseverancia, automotivación, etc.) que nos ayudaran a obtener el máximo rendimiento de los futbolistas. Por tanto la inteligencia emocional tiene como función principal dirigir el comportamiento del futbolista para resolver las diferentes acciones con eficacia (Martínez, 2016).

Dentro de la inteligencia emocional, observamos diferentes componentes a tener en cuenta para que el entrenador domine al máximo de sus posibilidades el control del grupo y ejerza un liderazgo positivo sobre los diferentes ambientes que se puedan dar en un equipo de futbol, ya sea en el ámbito de la directiva, del staff técnico o de los futbolistas (Martínez, 2016).

Los componentes de la inteligencia emocional que se han mencionado con anterioridad son (Roffe y Rivera, 2012):

- Autoconciencia: capacidad de saber que está pasando y que estamos sintiendo en cada momento.
- Control emocional: regulación de las emociones y modificación de los estados de ánimo.
- Capacidad de motivación intrínseca.
- Empatía: entender desde la perspectiva de la otra persona, intentar ponerse en situación de otro individuo.
- Habilidades sociales: eficacia de las relaciones sociales, liderazgo y popularidad dentro de un grupo.
- Habilidades emocionales: intuición, perseverancia y adaptación al cambio.
- Capacidad de transformación.
- Evasión de la angustia y confianza en los demás y en uno mismo.
- Control de la impulsividad.
- Dominio de los sentimientos y toma de decisiones conscientes.
- Comunicación emocional.
- Autoaceptación y responsabilidad personal.

En definitiva a través de las emociones y de su control, se mejora y optimizan los resultados de los integrantes de un grupo de trabajo. En el caso del fútbol, es el entrenador y su staff técnico quienes manejan las diferentes habilidades y son competentes para el trabajo emocional con sus futbolistas. Si el entrenador consigue desarrollar la inteligencia emocional de los futbolistas, conseguirá exprimir, rentabilizar, optimizar y desarrollar un equipo eficaz en busca del objetivo común y el éxito estará algo más cerca.

2.4. EXPERIENCIA DESDE LA PRÁCTICA (ENTREVISTA A JOSÉ LUIS OLTRA)

"En el ámbito del ambiente y clima de trabajo dentro del seno de un vestuario, creo que es fundamental dialogar con todos los futbolistas y dicho diálogo debe de ser bidireccional, hay que hablar y comunicar pero también es fundamental escuchar e intentar comprender al futbolista, en este caso a la persona, lo cual permite un acercamiento hacia el conocimiento intrapersonal de cada individuo y conocer sus características para poder personalizar el trabajo para cada uno de los integrantes del grupo. Creo que a todo entrenador, y más en concreto a todo gestor de grupos, se nos presupone unas ciertas habilidades sociales de inteligencia emocional, de organización de grupos y de otras muchas parcelas relacionadas directa e indirectamente con el tema en concreto, y pienso que como entrenador evidentemente no soy una excepción, y tengo ciertas habilidades para el manejo del grupo hacia la consecución de los objetivos planteados. Para ello, organizo los grupos de una forma más mecánica que aleatoria, pero no siempre de la misma forma, dado que esto dependerá de los grupos, de las personas que lo componen y sus características personales, de las circunstancias que rodean al grupo y a cada persona en particular y, en definitiva, la verdad es que suelo dejar muy pocas cosas al azar.

Atendiendo a los aspectos y características del grupo en cuestión, soy consciente de qué aspectos son los positivos y cuáles los negativos. Es más, independientemente de esas habilidades que se nos presuponen a los entrenadores, intento rodearme de profesionales preparados y cualificados y suelo contar en los equipos con la ayuda del psicólogo deportivo. Además del autoconocimiento y la autocrítica, le suelo consultar todo lo relacionado con lo emocional dentro de un grupo, dentro del equipo y dentro de lo personal de los jugadores con el psicólogo. En este apartado, destacar que intento ver la realidad y no solo me fijo en los aspectos positivos del equipo, si bien es cierto que potencio dichos aspectos, soy autocrítico y no suelo caer en la autocomplacencia. Para ello, como entrenador asumo muchas responsabilidades y creo que lo hago con mucha naturalidad, con mucha normalidad e intentando tomar las mejores decisiones en cada momento dentro de mi capacidad y son otras personas las encargadas en valorar si esta capacidad es óptima.

Como una de las facetas que engloba esta capacidad y que lleva intrínseco el ser entrenador nos encontramos con la motivación. Motivo de muchas maneras, con mensajes, con premios, estando encima del futbolista y de la persona y luego está la automotivación que es fundamental y ésta la llevo a cabo de la misma manera, analizándome, hablando con el psicólogo, con el resto del cuerpo técnico y valorando conjuntamente todo lo que hacemos en positivo y menos positivo e intentando afrontar cada situación de la mejor manera posible.

Adentrándonos en el ámbito personal del futbolista, destacar que no sólo es importante conocer sus intereses, no pudiendo separar lo personal de lo profesional, va todo unido. Como entrenador, intento preocuparme por la persona y no sólo por el futbolista y mantengo conversaciones con ellos tratando además del tema futbolístico, trato el cómo se encuentran y cómo les va la vida al margen de lo estrictamente profesional, dado que toda esta información que recibo es útil para todo lo demás a nivel de gestión individual y grupal.

Cuando se cometen errores en un partido, en un entrenamiento, en una rueda de prensa o en cualquier situación personal o profesional no me obsesiono con ellos. En primer lugar, analizo los errores y los intento canalizar y corregir, mejorando y potenciando lo positivo y reforzando las conductas que hacen bien en el grupo, sabiendo que hay cosas a analizar, corregir, mejorar y llevarlas a cabo de un modo diferente para eliminar ese error producido en otras acciones llevadas a cabo con anterioridad. Estos errores pueden provocar alguna tensión entre los futbolistas, los equipos técnicos o cualquier miembro del seno del club y para diluir dichas tensiones utilizo el dialogo, convencer, perseverar, creer, no desfallecer, insistir, explicar y llegado el caso imponer y hacer valer el cargo pero siempre con argumentos."

Capítulo 3

EL SIGNIFICADO DEL LIDERAZGO: DEL INDIVIDUO AL EQUIPO

La excelencia de un líder, se mide por la capacidad para transformar los problemas en oportunidades (Peter Drucker, 2002)

3.1. INTRODUCCIÓN

Este capítulo tiene por objetivo un acercamiento al concepto de liderazgo y a sus diferentes estilos, de modo que se aporten evidencias de su empleo dentro de un grupo humano, en concreto, un equipo de fútbol.

Debemos entender que un líder no tiene como objetivo que los miembros de su grupo sean subordinados que acatan sus órdenes de forma automática. Si esta es su aspiración no sería más que un jefe formal con el que finaliza su influencia allí donde acaba su presencia y/o su poder. Un líder con verdadera vocación de liderazgo y que ejerza sus funciones como tal no quiere subordinados o súbditos, sino seguidores que crean en él. Puede utilizar muchas y variadas técnicas para conseguir la meta que se ha propuesto, puede variar según las circunstancias y situaciones su estilo de liderazgo, ahora bien, salvo contadas excepciones, su labor debe basarse en tipos de influencia en los que la coacción se suplanta y se sustituye por la confianza que consigue despertar en los miembros de su grupo.

En los equipos de fútbol, como en cualquier tipo de grupo, hay líderes. En un equipo de fútbol, por ejemplo, la figura del capitán del equipo es siempre un elemento de interés para comprender la dinámica del grupo. Hay jugadores más hábiles que otros, más respetados y más queridos. En los equipos deportivos, además de la figura del capitán, hay otros jugadores considerados por sus compañeros como muy influyentes, y que desempeñan el rol de líder en función de la situación. Las cualidades de un entrenador han de ser distintas en función del deporte del cual es especialista (deporte individual versus deporte en equipo). Habría muchas tareas y funciones que un entrenador de un jugador de tenis no tiene que desempeñar si fuera entrenador de un equipo de voleibol y viceversa. Pero independientemente del tipo de deporte, la figura del entrenador es muy importante para hacer que el jugador y el equipo rindan al máximo de sus posibilidades para conseguir la victoria. Por todo ello, el entrenador debe actuar como un verdadero líder para su equipo y sus jugadores. No hay nada más palpable que comprobar las diferencias de juego que los equipos tienen de un año para otro, no sólo por el fichaje de nuevos jugadores, sino principalmente por el sistema de juego que implanta el nuevo entrenador. Ello nos exige comprender y analizar las distintas estrategias utilizadas por un entrenador de éxito y determinar las claves de su estilo de liderazgo.

3.2. EL LÍDER EN EL EQUIPO: DEFINICIÓN Y CARACTERÍSTICAS

Una de las definiciones más empleadas de liderazgo ha sido la de Barrow (1977), quien lo entiende como "el proceso conductual de influencia entre individuos y grupos en el logro de sus objetivos" (p. 232). Este interés por el liderazgo queda justificado si se tiene en cuenta el papel que los líderes formales o informales desempeñan a la hora de alcanzar los objetivos impuestos por o para el grupo, en este caso deportivos. Han sido muchos los estudios que han manifestado que el estilo conductual en el ejercicio del liderazgo, así como su adecuación a las preferencias de los demás miembros del equipo y a situaciones concretas, ejerce una considerable influencia en el rendimiento del grupo o equipo y, por ende, en la consecución de los objetivos marcados (Martín y Márquez, 2008).

Respecto al concepto de liderazgo, son muchas las definiciones halladas, destacando la realizada por Barrow (1977), como "un proceso comportamental que intenta influenciar a los individuos y los grupos con la finalidad de que consigan unos objetivos determinados" (p. 125, en Alvés, 2000).

Es en la figura del técnico en donde recae primariamente la responsabilidad de guiar a un deportista o equipo hacia una meta acorde a sus posibilidades ya que, más allá de las complejidades y dimensiones propias del rol (planificar, ejecutar, enseñar, motivar, administrar, etc.) y las demandas mentales que éste implica (Leal, Da Cunha y Evangelho, 2004) es un hecho que el primer rol asociado a la figura del técnico es, justamente, el de líder. En términos concretos, la dimensión central que explica el liderazgo es la existencia de un proceso de influencia entre el líder y sus dirigidos, influencia que no abarca solamente la dimensión cognitiva, sino que, especialmente en el caso deportivo, la dimensión conductual. Es decir, no basta con el que el jugador entienda y acepte las orientaciones del líder, sino que se requiere necesariamente su manifestación en la práctica. Así, el liderazgo hace referencia a la conducta del técnico que busca influir sobre sus deportistas para lograr unos objetivos, a la vez que éstos esperan, a través del sometimiento a dichas demandas, la obtención de alguna recompensa a cambio. Por lo tanto, el liderazgo puede entenderse como el arte de equilibrar los costes y beneficios del líder y sus dirigidos.

Según Fiedler y Chemers (1981), el proceso de liderazgo se constituye en una relación entre personas en que poder e influencia están distribuidos de forma desigual, pero sin embargo legítima. Por otro lado, Weinberg y Gould (2008) afirman que el proceso de liderazgo abarca varias dimensiones tales como: Los procesos a la hora de tomar decisiones, las técnicas de motivación, dar opiniones, la creación de relaciones interpersonales y la orientación del grupo hacia el cumplimiento de las metas.

Son las características que definen un buen proceso de liderazgo las siguientes (Fierro y Villalba, 2017):

- El liderazgo no puede enseñarse, debe ser aprendido
- El liderazgo es una "forma de ser" y se manifiesta por un modo especial de comportarse
- La verdadera formación en liderazgo no se limita a aportar conocimientos (saber) y a facilitar un aprendizaje (saber hacer). Va más allá, entra en el campo de las actitudes, la motivación y los valores (querer hacer)
- Es un proceso que dura toda la vida

- Depende de uno mismo y de los otros, son los otros lo que te hacen líder
- Supone dirigir desde y con las personas, no a las personas
- Liderar es una actividad centrada en las personas

La capacidad de liderazgo del entrenador es de vital importancia para el logro del éxito dentro de un determinado grupo, una vez que el líder es el principal responsable por dirigir y orientar su grupo para alcanzar los objetivos establecidos y la búsqueda del rendimiento esperado (Costa y Samulski, 2006). Dentro de los equipos el entrenador desempeña un papel de líder auxiliando sus atletas y su equipo a alcanzar el mejor rendimiento con el objetivo de lograr las metas establecidas (Costa, 2003) y su conducta, además de alterar el rendimiento deportivo, tiene un gran peso también en la motivación de los jugadores (Smoll y Smith, 1989).

De todo lo aquí expuesto se pueden concretar las competencias de un líder en las siguientes:

- *Control del tiempo:* Gestión correcta del tiempo disponible para la prueba.
- *Planificación/ organización:* Coordina y prevé cada uno de los pasos a dar.
- *Capacidad de comunicación:* Capacidad que abarca el saber hablar y el saber escuchar o, dicho de otra forma, la capacidad de entender y de hacerse entender.
- *Capacidad y estilo de liderazgo:* Habilidad para dirigir y gestionar a las personas. Hay varios estilos de liderazgo que van desde el líder más estricto al más permisivo.
- *Capacidad de análisis:* Capacidad para descomponer una idea o problema en tantas partes como sea posible para su posterior estudio.
- *Capacidad de síntesis:* Habilidad para llegar a una conclusión o idea global tras el análisis de un cúmulo de datos.
- *Empatía:* Capacidad para ponerse en el lugar del otro o sentir lo que siente el otro sin perder de vista los propios sentimientos o la propia perspectiva de la situación.

3.3. LOS ESTILOS DE LIDERAZGO DENTRO DEL EQUIPO: DEMOCRACIA VS. AUTOCRACIA

Desde el punto de vista social, Lewis, Lippitt, y White (1939) identificaron en la clásica clasificación de estilos de liderazgo los entrenadores-profesores autoritarios, democráticos (reglas colectivas) y permisivos. Además, mostraron que los sujetos que componían el grupo liderado por el educador autoritario tuvieron comportamientos más agresivos que los otros dos, demostrando que el tipo de liderazgo incidía en este comportamiento antisocial o contrario a la educación. En el ámbito deportivo, Zartman y Zartman (1997) propusieron tres tipos de entrenadores según la dirección del grupo, siendo el tercer tipo el más deseable desde la perspectiva educativa: (a) entrenadores agresivos: son agresivos en su carácter y parecen enfadados, suelen actuar de forma hostil para tratar de conseguir los objetivos. Usan el «tú» en los mensajes que transmiten, personalizando y haciendo que los jugadores se pongan a la defensiva; (b) entrenadores inhibidos: son tímidos, hablan rápidamente y con tono de voz muy bajo, no suelen actuar directamente cuando hay un problema. El lenguaje corporal es débil, con los hombros bajos y evitando el contacto con los ojos cuando hablan. Temen disgustar o alterar a los jóvenes y a sus padres; (c) y los entrenadores asertivos: mantienen un punto medio, respetando lo correcto de las modalidades anteriores. Hablan de manera calmada, directamente y con claridad. Muestran confianza y seguridad, cumplen lo que dicen y reconocen sus equivocaciones. Además, la consecuencia de un determinado estilo de dirección y comunicación puede llevar a que los jugadores sientan presión de sus entrenadores. Esta presión puede desembocar en un desacertado clima de rendimiento en edades tempranas, incluso en un estrés psicológico que les lleva a violar las normas y a tener comportamientos agresivos, con el fin de satisfacer las expectativas del entrenador y del equipo (Stephens, 2001). La mayor parte de los investigadores han encontrado, respecto al clima social, que los refuerzos positivos, la motivación, y las adecuadas relaciones emocionales contribuyen a la eficacia en el rendimiento, a la relación social y a la estabilidad psicológica de los deportistas (Pereira, 1996).

Weinberg y Gould, (2007) clasificaron los líderes de acuerdo a su origen (espontáneos/naturales o institucionales/oficiales); en lo que se refiere a su estilo de liderazgo (autocrático o democrático); y, en lo que respecta al método de compensación (profesional o voluntario).

Cada entrenador podrá mostrar un estilo diferente de liderazgo, y esto se debe a su carácter e individualidad, sus experiencias, las características del grupo y las condiciones del medio que lo rodea (Chelladurai, 1990; 1993). Siendo así, para que el liderazgo sea eficaz, es necesario que el líder cree un ambiente en que todos puedan mostrar sus habilidades y maximizar su rendimiento (Alves, 2000).

Son cuatro los estilos definidos, dos de ellos de carácter democrático (participativo-negociador y transformacional) y dos de carácter autocrático (autoritario y no liderazgo). Las características de cada uno de ellos se exponen a continuación:

- **Autoritario:** la persona que ejerce este liderazgo presta atención a los errores, vigila y controla, busca culpables, corrige, llama la atención, justifica sus actuaciones en exceso. Los seguidores evitan tomar iniciativas, actúan con temor y evitar equivocarse (Álvarez, Castillo, y Falcó, 2010).

- **Participativo-negociador:** líder y seguidores se relacionan basándose en una serie de transacciones en las que el líder influye en el esfuerzo de sus seguidores ofreciéndoles incentivos y clarificando cual es el trabajo a realizar para recibir tales recompensas. El líder Pide opinión al grupo, negocia y pacta acuerdos, controla lo positivo y negativo, elogia, presta apoyo. Por su parte, los seguidores se agrupan ("nosotros"), actúan con varios niveles de autonomía, participan motivados. En este estilo de liderazgo, es el poder otorgado por el suministro de recompensas y castigos, el usado para influir en los seguidores (Molina-García, 2014). Según Álvarez, Castillo, y Falcó (2010), este estilo es necesario tanto para establecer claramente los objetivos, como para la corrección de errores o desviaciones de esos objetivos.

- **No liderazgo:** Finalmente, según Bass y Riggio, (2006): "El liderazgo laissez-faire significa que la autonomía de los seguidores se obtiene por defecto. El líder evita proporcionar dirección y apoyo, muestra falta de atención hacia lo que los subordinados realizan, y abdica responsabilidades enfrascándose en su absorbente trabajo, desviando peticiones de ayuda, abdicando cualquier responsabilidad sobre el desempeño del subordinado, ausentándose física o mentalmente de la escena" (pág. 193). Este líder elude la responsabilidad, retrasa las decisiones, no proporciona *feedback* y no se interesa por satisfacer las necesidades de sus seguidores" (Northhouse, 2001, p. 141). Los seguidores prescinden de él, surgen conflictos de responsabilidades y roles y avanza la desmotivación.

- **Transformacional:** Preocupación y cuidado de las personas, interés por cada persona, respeto, empatía, propone retos y oportunidades. Los seguidores desean desarrollarse y mejorar, aceptan compromisos, se sienten apreciados, confían en el líder (Godoy y Bresó, 2013).

3.4. EL LIDERAZGO TRANSFORMACIONAL

Bass, en 1998, realizó su definición de Liderazgo Transformacional basándose en el efecto que producía el líder en sus seguidores. Esta teoría estudia cómo los distintos estilos de liderazgo (transformacional, transaccional y laissez-faire o no liderazgo) ayudan tanto a las organizaciones como a sus miembros (Álvarez et al., 2012). Como su propio nombre indica, los líderes consiguen transformar a sus seguidores haciendo que se activen sus necesidades superiores promoviendo un pensamiento centrado más en los beneficios de la organización que en los individuales, concienciándoles del valor e importancia de los resultados del trabajo. Una consecuencia de ello es que, los seguidores confían y respetan al líder, y están motivados a hacer más de lo que en principio se esperaba que hiciesen. Los líderes que poseen un estilo transformacional no se limitan a establecer simples intercambios o acuerdos con sus seguidores o incluso con sus iguales, ya que la labor de estos líderes es conseguir que los seguidores se transformen en líderes auto-dirigidos (Bass, 1998, 1999).

De acuerdo con Burns (1978), los líderes transformacionales tienen la intención de acrecentar la conciencia de sus seguidores apelando a los más altos ideales y valores morales (la libertad, la justicia, la equidad, la paz y el humanismo), evitando establecer su poder en emociones como el miedo, la codicia, los celos o el odio. Se eleva a los seguidores desde su yo diario hacia su mejor yo. Para Burns (1978), cualquiera en la organización puede manifestar liderazgo transformacional, ocupe la posición que ocupe, lo que implica a personas influyendo en pares o superiores, así como en subordinados.

De los tres comportamientos que los líderes transformacionales emplean (visión, establecimiento de marcos de referencia y administración de las impresiones), probablemente la visión sea el más importante, ya que es mediante su creación como consigue vincular emocionalmente a los seguidores, haciendo que se comprometan en ella. Las visiones quizá sean el comportamiento más importante en los líderes transformacionales, a través de la creación de la visión, el líder vincula emocionalmente a sus seguidores. Lo importante es que los seguidores se comprometan en la visión del líder y que éste desarrolle las acciones necesarias para su consecución (Bass, 1985). El establecimiento de marcos de referencia describe aquellas conductas en las que los líderes transformacionales se hayan dispuestos a correr riesgos y seguir rutas no tradicionales para alcanzar sus metas (Bass, 1985). Favorecen nuevas ideas, innovadoras estrategias de acción y promueven la motivación del equipo. El líder transformacional cuenta con la capacidad de inspirar a otros mediante palabras, visión y acciones, su tarea consiste en hacer líderes a sus seguidores. Se dirige mediante el ejemplo y sus acciones se encaminan a expresar y reforzar los valores y creencias de la organización (Barrera y Chipe, 2015). No obstante, debe tener un plan para realizar sus acciones con energía para conseguir lograrlo, actuando de forma innovadora para lograr sus metas. Es por ello que este líder dirige "predicando con el ejemplo", actuando de forma que refuerza y expresa los valores y creencias de la organización (Molina-García, 2014).

Los líderes con un estilo transformacional consiguen transformar a sus seguidores concienciándoles sobre el valor y la importancia de los resultados, teniendo en cuenta sus necesidades y competencias, e infundiéndoles el interés personal necesario por el bien del equipo por encima de las individuales. Siguiendo a Álvarez et al. (2012), las acciones que pueden realizar los líderes para conseguir llegar a sus seguidores son:

- **Influencia Idealizada.** Los líderes han de llegar a ser un modelo a seguir por sus seguidores. Así, los seguidores los admiran, respetan y confían en ellos, otorgándoles características extraordinarias, así como persistencia y determinación. Manifiestan conductas altamente éticas y morales, por lo que sus seguidores entienden que se rigen por hacer las cosas correctamente.

- **Motivación Inspiradora.** Éstos líderes logran motivar a sus seguidores aportándoles día a día retos y significados nuevos. Mediante una clara comunicación son capaces de demostrar compromiso con las metas y la visión compartida, así como establecer expectativas sobre objetivos que los seguidores anhelan obtener. Consiguen que sus seguidores se impliquen en visiones atractivas de estados futuros potenciando el espíritu de equipo.

- **Estimulación Intelectual.** Los líderes transformacionales alientan a los seguidores para que se esfuercen en ser creativos e innovadores, que afronten situaciones antiguas de nuevas formas, redefiniendo la manera de ver los problemas. Cuando un subordinado comete un error el líder no lo critica públicamente. Y en lugar de reprochar o descartar las ideas nuevas por ser diferentes a las del líder, se apoyan e incitan.

- **Consideración Individualizada.** Creando un clima de apoyo, los líderes se interesan por las necesidades individuales de logro y crecimiento de sus seguidores, ejerciendo de guía o instructor. El líder entiende que las necesidades y deseos de cada seguidor pueden ser distintas y, por tanto, las acepta, (p. ej., algunos subordinados necesitarán más autonomía mientras que otros pedirán más orientación). Prima la consideración de "persona". Se promueve la comunicación bidireccional.

En definitiva, lo que debe buscar un entrenador de fútbol para llevar a cabo este estilo de liderazgo es hacer conscientes a los miembros del equipo de la importancia y el valor de los objetivos asignados y mostrar la forma de alcanzarlos, transmitiendo la importancia del interés común en la organización por encima del interés individual.

3.5. EL ENTRENADOR COMO LÍDER

El liderazgo tiene mucho de "encuentro entre personas" (Lopes, 2006). Encontrarse no es obedecer, no es imponer una norma, es salir al encuentro de los demás para establecer, desde el respeto mutuo, el alcance de las responsabilidades de cada uno al servicio del equipo. Por consiguiente, a la hora de observar el papel que como líder desempeña el entrenador de fútbol, lo estableceremos desde dos vertientes diferenciadas: el liderazgo del entrenador visto desde dentro y el liderazgo del entrenador visto desde fuera (Rey, 2010).

A través del liderazgo del entrenador visto *"desde dentro"*, se pueden apreciar los siguientes elementos que nos permitirán descubrir la personalidad intrínseca de un líder en funciones de entrenador de fútbol (Smoll y Smith, 2009):

- Autoconfianza, compatible con una actitud constante de humildad y de superación de los fracasos.
- Capacidad para liberar la posible energía centrípeta, que le remite a sentirse centro y protagonista del quehacer del equipo.
- Autocontrol emocional, que le permite actuar sin sentirse sometido a esos "picos" de euforia y de desfondamiento ocasionados por los resultados.
- Sentido autocrítico, con el que se asoma a su mundo interior para descubrir en él sus facetas positivas y negativas.
- Visión de futuro, asentada en el examen de las experiencias pasadas y en el proceso de racionalización de los hechos presentes.
- Convencimiento de sentirse libre para tomar las decisiones que entienda ser las más oportunas.

Por otro lado, a través del liderazgo visto *"desde fuera"*, apuntamos las singularidades que distinguen la forma de actuar como líder extrínseco a un entrenador de fútbol, es decir, en referencia a su imagen percibida (Smoll y Smith, 2009):

1. Determinación, como garantía de su ser instancia última en el equipo, para la toma de decisiones, tanto para el sí como para el no.
2. Capacidad comunicativa, que revela la aceptación de los intercambios entre él, sus jugadores, y sus ayudantes.
3. Habilidad expresiva verbal para darse a conocer a todos sus jugadores a lo largo de las distintas circunstancias de la competición.
4. Proximidad a los informadores deportivos, facilitando de forma clara las respuestas a las preguntas que se le formulen.

5. Convicción sobre la eficacia de un exigente, respetuoso y disciplinado, plan de trabajo.
6. No ceder ante la rutina y sentirse dispuesto a rectificar y renovarse cuantas veces sea preciso.

3.6. EXPERIENCIA DESDE LA PRÁCTICA (ENTREVISTA A JOSÉ LUIS OLTRA)

"En primer lugar, no se debe confundir líder con jefe, dado que son dos conceptos con pocas cosas en común. El líder debe ser alguien que convence y que seduce a su gente, alguien en el que los futbolistas, los miembros del cuerpo técnico y los miembros de la dirección deportiva y presidencia deben de creer y deben de seguir, es cuestión de confianza, que es lo que debe de ganarse el entrenador en el día a día a través de su trabajo y esfuerzo, con sus hechos y sus palabras constantemente. El entrenador es el principal líder de un equipo de fútbol, pero no el único, dado que el entrenador necesita de otros líderes que le ayuden y que le eviten un desgaste que cada día es mayor.

Así mismo, en las funciones del entrenador observamos la de liderar no un solo grupo, sino varios, entre los que destacan los jugadores, los técnicos, etc., y debe ejercer un liderazgo situacional, ya que no todos responden igual ante las distintas situaciones ni tienen el mismo carácter, ni la misma forma de ser ni de actuar ante un hecho, por tanto, no los diriges exactamente igual o no los lideras de la misma forma. El entrenador lidera a su equipo creando una conducta en la forma de ser y de competir en entrenamientos y partidos, en el día a día.

En mi opinión, a ser líder se puede aprender, pero yo creo que hay mucho de carácter y de forma de ser, por lo tanto, es algo natural. También es cierto que el cargo te otorga una parte importante de liderazgo, con lo cual el entrenador por el simple hecho de ser entrenador ya tiene que ser un líder. Hay distintos tipos de liderazgo, uno más impositivo o autocrático y otro más participativo o democrático, creo sinceramente que el liderazgo transformacional es el ideal, pero que tiene un alto contenido de complejidad en su puesta en práctica y que el liderazgo laissez-faire o dejar hacer es no ejercer un liderazgo, por lo tanto, este para mí casi ni cuenta y no lo clasificaría como un estilo más de liderazgo. Creo que tiene más recorrido, tanto en buenos resultados como en tiempo, el líder que trata de convencer y de seducir, de ganarse a su grupo, más que el líder que intenta imponer o mandar de forma directa la realización de acciones o cumplimiento de normas; a este líder le suelen temer, pero su nivel de respeto por parte del staff técnico y futbolistas es menor.

A los líderes también se les respeta por su nivel de conocimientos conforme al cargo que desempeñan y deben tener como cualidades la capacidad y conocimiento del medio; en este caso, un entrenador de fútbol debe saber de fútbol, debe saber de entrenamientos y de preparación física, técnica y táctica, debe entender el juego, debe saber hacer cambios, debe manejar lo que es propiamente el cargo de entrenador, es decir, debe estar muy preparado y además tener muchas cualidades personales como la humildad, la sinceridad, la empatía, etc.

Además del entrenador, como he mencionado anteriormente, hay otros líderes como pueden ser el director deportivo, los capitanes o dentro del propio cuerpo técnico otro miembro que también ayuda al entrenador y otros futbolistas que aun no siendo capitanes, ejercen un liderazgo de forma natural por su simple forma de ser, es un liderazgo basado en la comprensión, la sabiduría, es un liderazgo de reconocimiento de la situación que se está viviendo e intenta aportar, ayudar y transformar ese pequeño problema o conflicto que siempre puede surgir en una oportunidad o en algo que sirva como aprendizaje para el equipo o como bagaje para el futuro, es decir, son personas que tienen esa capacidad innata de convertir los problemas en oportunidades de mejora".

Capítulo 4

LAS HABILIDADES COMUNICATIVAS Y SU INFLUENCIA EN EL ÉXITO DEL EQUIPO

El que sabe pensar pero no sabe expresar lo que piensa está en el mismo nivel que el que no sabe pensar (Pericles, S.f.).

4.1. INTRODUCCIÓN

Este capítulo describe, de una forma concreta, cómo influyen las habilidades comunicativas en el éxito de un equipo de fútbol. Para ello, lo primero es conocer cuáles son las habilidades comunicativas que influyen de manera más directa en el desarrollo eficaz de un grupo de futbolistas, priorizando el proceso de comunicación, la escucha activa y la comunicación gestual, más conocida como comunicación no verbal.

A través del proceso de comunicación observaremos los diferentes tipos de comunicación existentes y la importancia de los diferentes elementos comunicativos a la hora de mejorar el rendimiento del grupo de futbolistas. Otra de las habilidades a destacar es la escucha activa, elemento que propiciará una mejor comunicación entre emisor-receptor y fomentará las buenas prácticas dentro del equipo, tanto en los entrenamientos como en los partidos oficiales. Por último, se explica la comunicación llevada a cabo de una forma diferente a la palabra, es decir, con otros sentidos, desde un punto de vista gestual en la mayoría de casos, siendo de frecuente uso para un entrenador de fútbol y de vital importancia en los partidos oficiales, dado que el ruido externo imposibilita la comunicación verbal y fomenta este tipo de comunicación para llevar a cabo estrategias durante el partido, cambios de posicionamiento, cambios de sistema de juego, etc.

4.2. EL PROCESO DE COMUNICACIÓN Y SUS ELEMENTOS CONSTITUTIVOS

Debido a las innumerables definiciones que existen de comunicación, no existe una unívoca de ella, sino que diferentes autores la definen según sus puntos de vista o estudios realizados.

Una primera definición de comunicación la encontramos en Aristóteles (2005) quien lo define como *"La búsqueda de todos los medios de persuasión que tenemos a nuestro alcance"*, es decir, el principal objetivo de la comunicación es tratar de convencer al receptor, tratando de llegar a un punto común de comprensión y entendimiento.

Por otro lado, para Hervás (1998, p.12) la comunicación es *"el acto mediante el cual una persona o personas transmiten a otra u otras, y por cualquier procedimiento, mensajes de contenido diverso, utilizando intencionadamente signos dotados de sentido para ambas partes, y por el que se establece una relación que produce unos efectos"*. En este sentido, se entiende la comunicación como el simple hecho de interactuar a través de la palabra o gestos con otra persona y provocando relaciones de diversa índole entre ellas.

Actualizando algo más el término y siguiendo a Pastor (2006, p. 27) podemos definir la comunicación como *"un proceso de interacción social, verbal o no-verbal, con intención de transmitir y de influir, con y sin intención, en el comportamiento de las personas que están en dicha emisión"*, en este sentido y conforme nos acercamos más a la realidad, el término se basa más en influencia directa o indirecta en la otra persona.

Concretando y puntualizando en el ámbito futbolístico, definimos la comunicación dentro de un vestuario o en relación con los diferentes agentes involucrados como el proceso de transmisión de información, realizada con un acto lingüístico o paralingüístico, consciente y voluntaria. En este proceso los dos elementos más importantes para el éxito de la comunicación son el emisor y el receptor. Sólo hay comunicación cuando aquello que se comunica tiene un significado común para los dos elementos de la interacción. No se puede transmitir información sin disponer de un medio o soporte (Álvarez, 2007). En definitiva, una aproximación a los elementos del acto comunicativo es la que se presenta a continuación:

- ✓ **Emisor y Receptor:** Según Hervás (1998, p. 12), el emisor es "el que emite el mensaje", mientras que el receptor es "el destinatario del mensaje". Riba i Campos (1997), consideran que emisor y receptor son dos funciones intercambiables entre las personas que participan en el proceso comunicativo. Esta intercambiabilidad está marcada por el propio proceso bidireccional de la comunicación. Emisor/receptor comparten un mismo código, en base al cual, pueden establecer una comunicación relativa a un referente real o abstracto que puede estar presente o ausente.

- ✓ **Mensaje:** Atendiendo a Berlo (1987) los mensajes son la expresión de las ideas (contenido), expresadas en determinadas formas (tratamiento) mediante el empleo de un código. Para Hervás (1998, p. 13), el mensaje se considera como "la expresión escrita, verbal o no-verbal de una idea, un sentimiento o una emoción relativa a un referente real o abstracto (presente o ausente), utilizando, para ello, un código común para las personas que participan en el acto comunicativo".

- ✓ **Codificación y descodificación:** Para Berlo (1987, p. 33) el código se define como "todo grupo de símbolos que puede ser estructurado de manera que tenga algún significado para alguien". Mientras que para Parlebas (1981, p. 20) se define como "el sistema de signos y de sus combinaciones producido y/o interpretado por los sujetos actuantes". Igualmente, Serrano (1992: 38) expresa que la codificación es el "proceso de producción de mensaje por el emisor", mientras que la descodificación es "la retraducción del mensaje con el fin de extraer su significado" (McQuail y Windhal, 1997, p. 33).

- ✓ **Contexto:** Según Hervás (1998, p.20), el contexto es "el conjunto de datos y circunstancias que condicionan o rodean al mensaje, al emisor, receptor, receptor...". Es decir, es la relación e interrelación que tiene lugar entre los factores y elementos presentes en el acto comunicativo

- ✓ **Canal:** Según Hervás (1998, p.13), el canal es "el conducto a través del cual el mensaje circula, llega desde el emisor al receptor". Es decir, el canal es el medio a través del cual se transmite la comunicación.

- ✓ **Retroalimentación:** Para Castro (2007) los pilares básicos del proceso comunicativo son "la relación entre seres y la transmisión de un mensaje". Siendo el feedback y el contexto los elementos que participan en dicho proceso, realizando una función de conexión entre la relación y la transmisión. Para Serrano (1992, p. 44), el feedback representa "una información procedente del receptor como respuesta al mensaje recibido y que tiene una influencia sobre el comportamiento subsiguiente del emisor original". Atendiendo a Smith (1995, p.35), la retroalimentación es "la información consecuente a la comunicación, y que permite que el emisor original cambie, modifique o altere las subsiguientes comunicaciones y/o comportamientos en función de las influencias ya producidas o que se tiene intención de producir en el entorno comunicativo".

Son dos los tipos de comunicación a los que atender una vez nos hemos aproximado al concept y a su proceso: unidireccional y bidireccional. En el ámbito futbolístico, los dos tipos de comunicación son de uso habitual, dado que hay momentos en los cuales el entrenador realiza una comunicación unidireccional dotando de información concreta al jugador y en otros casos se usa una comunicación bidireccional entre los miembros del staff técnico, entre jugadores, entre staff técnico-jugador, etc.

Atendiendo a la comunicación unidireccional, vamos a referirnos a Bateson, y Ruesch (1984), quienes definen la comunicación unidireccional como un proceso donde las personas expresan una idea, donde otras personas la reciben sin retroalimentación directa. A este tipo de comunicación se le llama información porque al no recibir una retroalimentación directa no puede haber comunicación, si no información. Este tipo de comunicación es habitual justo antes de un partido de fútbol en el vestuario, en el momento en el cual el entrenador da una información directa sobre aspectos claves del equipo rival y el jugador intenta asimilarla.

En cambio según Hernández (1998), en la comunicación bidireccional, el emisor envía un mensaje al receptor a través de un canal, éste lo recibe, lo procesa y envía una retroalimentación, es decir, tanto el emisor como el receptor intercambian mensajes teniendo en cuenta la información recibida, solicitando aclaraciones y comprobando lo que el receptor a oído. En este proceso participan todos los elementos de la comunicación simultáneamente, dándose una interacción casi inmediata.

Haciendo hincapié directamente en el ámbito futbolístico, vamos a aclarar cómo afectan los diferentes tipos de comunicación que se dan dentro de un equipo profesional. Parlebas (1981) expresa que la comunicación ocurre durante la realización de una tarea motriz, el comportamiento motor de un participante influye de una manera observable en el comportamiento motor de uno o más del resto de los participantes, y sin olvidar siempre que entendemos la comunicación como un proceso de intercambio de información entre dos o más personas utilizando un código común.

Atendiendo a Bloom, Crumpton, y Anderson (1999), a la hora de establecer comunicación en un equipo de fútbol debemos prestar atención a los siguientes elementos:

1. Las características del emisor y del receptor
2. El mensaje, tanto verbal como no verbal.
3. El contexto

Bloom, Crumpton, y Anderson (1999) consideran fundamental conocer las características del receptor, en este caso el futbolista, para logar una comunicación eficaz. Para ello establecen las siguientes medidas:

- Adaptar el lenguaje a los jugadores.
- Producir mensajes breves y directos.
- Conocer cómo son sus jugadores y qué personalidad tienen.
- Tener en cuenta el estado de ánimo de cada futbolista.

Sin embargo, Heckel, Allen y Blackmon (1986), también prestan atención a las características del entrenador y cómo influyen sus pensamientos, expectativas, etc. en su manera de comunicarse con los jugadores. No obstante, las expectativas que el entrenador tenga de cada jugador influirá en que dicho jugador mejore o por el contrario empeore su juego. Según Heckel, Allen y Blackmon (1986) a este proceso se le llama "profecía cumplida". Es fundamental tenerlo en cuenta para que no afecte negativamente a los jugadores.

Otro aspecto que debemos tener en cuenta es el mensaje. Observamos que en los partidos de fútbol el entrenador pone caras ante los errores de sus jugadores y luego les dice que no pasa nada. Esto provoca desequilibrio entre los jugadores porque no saben que aceptar si los gestos de su entrenador o las palabras que transmite. En este sentido, un líder de un equipo de fútbol debe cuidar de igual modo las palabras y los gestos y debe gestionar su equilibrio para que coincida lo que dice verbalmente con lo que expresa corporalmente. Según Marroquín y Villa (1995), cuando el entrenador tenga que corregir a algún jugador es conveniente usar la "técnica del sándwich". Esta técnica pretende primero decir algo bueno que haya hecho el jugador, el fallo, su corrección y seguidamente otro aspecto positivo. Por ejemplo, la idea era buena, has visto bien el pase, pero lo tenías que haber lanzado más adelantado, ¿vale? Está bien intentado, la próxima seguro que te sale.

Por último, debemos prestar atención al contexto. Según Serrano (1992), "El contexto está formado por un grupo de factores de carácter psicológico, sociológico y físico, que conforman el entorno en que se desarrolla el acto comunicativo (relación + transmisión)". Dentro de él se distinguen el contacto, el referente y el entorno ecológico, biológico, sociológico y psicológico de la relación. Igualmente, para Hervás (1998, p.20), el contexto es "*El conjunto de datos y circunstancias que condicionan o rodean al mensaje, emisor...*"

Podemos considerar por contexto de comunicación las interrelaciones que se producen entre todos los factores y elementos presentes y que afectan a la comunicación o son afectados por ella. (Mendo y Garay 2005).

Por tanto, según Martens y Peterson (1971), cuando vayamos a corregir a un jugador, debemos hacerlo a solas, es decir, cogerlo aparte y comentarle el error. Esto propiciará un mejor clima entre el jugador y el entrenador, dado que, por el contrario, puede ridiculizar al futbolista haciendo que entre en un estado de ansiedad, negatividad y conflicto con el entrenador.

4.3. LA IMPORTANCIA DE SABER ESCUCHAR

Escuchar es de vital importancia para obtener una comunicación óptima y eficaz. Cuando se construye una conversación entre varios individuos, a menudo nos centramos en su capacidad para hablar, dado que en la mayoría de ocasiones hablar bien es sinónimo de buena comunicación. En este capítulo se plasma, además de la importancia de hablar bien como componente principal de una comunicación exitosa, la capacidad de escuchar, y se introduce como la capacidad más importante que se debe dar en una buena comunicación. Esta habilidad se desarrolla en cualquier conversación diaria.

Entendemos el concepto escuchar como la capacidad de dirigir la atención hacia las palabras del otro, intentando lograr exhaustivamente la palabra hablada, extrayendo lo esencial y no haciendo juicios anticipados (Galera y molina, 2016, 469). Esta escucha activa, es importante porque aportará beneficios como un clima positivo para la comunicación, captará el sentido exacto del mensaje, obtendremos información relevante sobre nuestro interlocutor y acrecentaremos su autoestima (Báez García, 2006).

Según Goleman (1999, 14), el arte de saber escuchar está entre las principales habilidades de las personas con altos niveles de inteligencia emocional. Es decir, para él a través de la escucha las personas llegan a establecer adecuadas relaciones entre ellas porque les ayuda a comprender a los demás, a percibir sus sentimientos y a interesarse por sus problemas.

Pero ¿qué es escuchar? Según Roebuck (2000, 10), "escuchar es atender totalmente a la persona que nos habla, sin interrumpirlo, sin juzgarlo o criticarlo". Cumpliendo con estos requisitos nos adentraríamos en la escucha activa, la cual posee, según este mismo autor, los siguientes beneficios:

- Eleva la autoestima del que habla
- Permite al que escucha identificar intereses y sentimientos del que habla

- Se reducen las potencialidades de conflictos por malas interpretaciones en las comunicaciones
- Se aprende de los conocimientos y percepciones del otro
- Amplia el marco de referencia, cultura e intereses del que escucha
- El que escucha con atención, proyecta una imagen de respeto e inteligencia

Esta es una habilidad que puede y debe ser aprendida. Ribeiro (1994) establece como elementos para su aprendizaje los siguientes:

1. *Guarda silencio:* Mientras la otra persona te habla, mantén un silencio respetuoso y atento. Si te es posible, mírale a los ojos, de esta manera sentirá que le atiendes y que te interesas por sus ideas o vivencias. Evita interrumpirlo para opinar o criticarlo con ligereza. Espera hasta que haya finalizado para compartir con él tus comentarios.

2. *Muéstrate interesado:* Puedes hacer gestos afirmativos mientras te habla para mostrar que estás siguiendo la conversación. También puedes usar frases afirmativas, como: "Entiendo cómo te sientes", "Estoy seguro que harás lo mejor"; éstas sirven para darle confianza a nuestro interlocutor y al mismo tiempo, muestran nuestro interés en su historia y el deseo sincero de apoyarlos.

3. *Resumir la conversación:* Asegúrate que la persona terminó de hablar preguntándole: Ya terminaste? Quieres decirme algo más? Y luego hazle un resumen de sus ideas para asegurar la claridad de la comunicación y tu comprensión de su historia. Además, así le haces saber a tu interlocutor, que estas esforzándote por comprenderlo.

4. *Apaga tu mente:* Mientras escuchas a la otra persona deja de pensar en que tus ideas, planteamientos o decisiones son mejores. Concéntrate en el deseo de comprender qué siente, cómo piensa, qué sabe y qué puede aportar a tu vida en este momento. Muéstrate abierto a los puntos de vista de los demás, sin juzgarlos y sin anticiparte a lo que la otra persona va a decir.

Con el fin de conseguir una "escucha activa", a lo largo de la historia se han desarrollado una serie de técnicas para conseguir con éxito esta habilidad de "saber escuchar". Aquí destaca Davis (1985), quién establece las *"10 Reglas de la Buena Escucha"* y que son:

1. Deje de hablar.
2. Hacer que el que habla se sienta cómodo.
3. Demuéstrele que desea escucharlo.
4. Elimine y evite las distracciones.
5. Trate de ser empático con el otro.
6. Sea paciente. No interrumpa.
7. Mantenga la calma y su humor.
8. Evite discusiones y críticas.
9. Haga preguntas.
10. Pare de hablar. Esto es lo primero y lo último.

Por otro lado, Cloke (1989) establece una serie de técnicas de retroalimentación, donde propone *"las Respuestas de una Escucha Activa"*:

Interesarse:
- Muéstrele que está interesado en sus asuntos
- Exprésele satisfacción porque le está hablando de su problema
- Ejemplo: "Estoy teniendo problemas en el trabajo"
- Respuesta: "Me complace que te sientas bien hablándome sobre tu problema"

Alentar:
- Muéstrele que usted desea que continúe hablando, que está interesado en lo que está diciendo.
- Ejemplo: "Estoy teniendo problemas en el trabajo"
- Respuesta: "¿Qué tipo de problemas?"

Preguntar:
- Muéstrele que usted desea comprender lo que está diciendo. Pregunte por más información.
- Respuesta: "¿Qué tú piensas sobre el problema?"

Retroalimentar (replantear):
- Muéstrele que Ud. comprende la importancia de lo que está diciendo.
- Exprese lo que le han dicho, con sus propias palabras
- Respuesta: "Estás teniendo un momento difícil en el trabajo"

Reconozca sentimientos:
- Muéstrele que usted comprende cómo se siente.
- Respóndale con alguna expresión de sentimiento.

- Respuesta: "Pareces muy preocupado por esto"

Resumir:
- Muéstrele que usted puede resumir lo que se ha dicho.
- Ayúdelo a moverse a una nueva idea o asunto.
- Respuesta: "Al parecer estás confrontando dificultades en tu trabajo y te gustaría hacer algo sobre esto".

En el otro extremo, Robertson (1994) estableció "las diez costumbres no productivas" más usadas cuando se escucha y que son las que en muchas ocasiones nos impiden realizar una comunicación eficaz:

1. Falta de interés sobre el tema (no existen asuntos sin interés, únicamente personas no interesadas).
2. Fijarse demasiado en el exterior y descuidar el contenido.
3. Interrumpir al que habla.
4. Concentrarse en los detalles y perderse lo principal.
5. Adaptarlo todo a una idea preconcebida.
6. Mostrar una actitud corporal pasiva.
7. Crear o tolerar las distracciones.
8. Prescindir de escuchar lo que resulta difícil.
9. Permitir que las emociones bloqueen el mensaje.
10. Ensoñaciones (ponerse a pensar en otra cosa, en lugar de concentrarse en lo que se escucha).

Es por todo ello que Robertson (1994, p. 35) establece que para desarrollar esta habilidad "se requiere, más que ninguna otra, de una gran voluntad y disposición hacia el cambio de enfoques, conductas y formas de ver las cosas. Es algo que debe producirse desde "dentro" del individuo".

4.4. MÁS ALLÁ DE LA PALABRA: LA COMUNICACIÓN NO VERBAL

Una vez explicada la importancia de la escucha activa o saber escuchar, nos vamos a centrar en otros aspectos que son igual de importantes y que están presentes en la comunicación que es la comunicación no verbal, debido a la cantidad de información que nos proporciona a la hora de comunicarnos.

En primer lugar, vamos a definir lo que es la comunicación no verbal, que según Sánchez y Canto (1995, p.15) es la que recibimos a través de los sentidos de la vista, tacto y olfato. Incluye todo tipo de conducta humana, consciente e inconsciente, que puede interpretarse como portadora de información. Sirviendo no solo de apoyo a la comunicación verbal sino que también los mensajes no verbales expresan sentimientos, emociones, relaciones interpersonales y valores.

A continuación, atendiendo a Jiménez Burillo (1985), vamos a establecer una clasificación sobre los tipos de comunicación no verbal:

1. **Kinésica.** Dentro de esta categoría estarían encuadrados los movimientos realizados por el cuerpo, la orientación corporal, la postura, los gestos, la expresión facial, el movimiento ocular y de las cejas, la dirección de la mirada y los movimientos que presentan un sentido definido en una cultura.

2. **Proxémica.** Esta sección abarcaría la utilización del espacio personal, la proximidad física entre los individuos, la distancia de interacción, la colocación relativa en la interacción y la conducta territorial humana.

3. **Paralingüística.** En este apartado estarían incluidos tanto las cualidades de la voz como la risa, los bostezos y los gruñidos. También estarían encuadrados aquí no solamente el ritmo y la velocidad de la conversación sino las pausas en el flujo de la conversación, los errores, los acentos, etc.

4. **Aspectos olfativos y cutáneos.** En este capítulo entrarían todas aquellas dimensiones comunicativas relacionadas con la utilización de artefactos tales como cosméticos, objetos llevados en el cuerpo, etc.

Atendiendo a la importancia de la comunicación no verbal en el ámbito de la actividad física y más concretamente en el ámbito del fútbol, Tutko y Richards (1984, p.87) expresan que ciertos movimientos corporales señalan la existencia de un bloqueo comunicativo (por ejemplo, la realización del gesto de cruce de brazos en el pecho).

Es primordial que tengamos en cuenta que, durante un partido de fútbol, en la mayor parte de tiempo lo que predomina es la comunicación no verbal. Mechling (1986) y Effenberg (1995, 1996), entienden la comunicación no verbal del entrenador como transformación de movimiento en información acústica para el seguimiento y determinación del movimiento humano.

Vallejo, G., Plested, M. C., Zapata, G. (2004a), exponen los elementos no verbales de la comunicación dentro de los actos comunicativos del entrenamiento, que son:

- Cabeza. Vallejo (2008), presta atención a la conducta ocular, por lo que establece que *"los movimientos realizados por la cabeza y la expresión del rostro remplazan frecuentemente a la comunicación verbal en las competiciones, y llegan a ser ciertamente un código en la comunicación"*. Por tanto, observamos como la comunicación no verbal es una gran fuente de información no solo al propio equipo sino también a los oponentes.

- Manos. Los entrenadores utilizan las manos para: animar a los jugadores, reclamar acciones, reprochar una jugada errada, ordenar, exigir un resultado, demostrar asombro o inquietud, marcar tiempo de espera, indicar formas de juego, indicar partes del cuerpo, indicar una acción motriz a realizar, señalar ubicación en el espacio, indicar baja intensidad del juego, pedir cambios, indicar tamaño, y deixis, entre otros.

- Brazos. Las expresiones pretenden indicar una posición, un desplazamiento, detener, avanzar, venir, acelerar, y observar detenidamente las acciones motrices.

- Postura corporal. La postura del entrenador es bien importante cuando se dan indicaciones a los jugadores: patear, señalar, caminar, mover manos, hacer énfasis, realzar una acción y demostrar tiros al arco, según la intención deportiva-estratégica. Igualmente, Añó (1997) considera que la orientación como la postura del cuerpo varía en función de la clase de la práctica deportiva llevada a cabo. En los deportes de oposición la ubicación de los rivales es frontal entre ellos al comienzo de la competición, y posteriormente evolucionan en sus posiciones intentando la conquista de un determinado "territorio" o evitar que el oponente ocupe un espacio específico.

A continuación, vamos a establecer una tabla con diferentes tipos de gestos y su significado, dado que el entrenador de fútbol requiere de un amplio sobre el lenguaje gestual, dado que en los partidos en la mayoría de casos no puede usar la palabra como canal de comunicación por el ruido provocado por el contexto. Para ello vamos a atender a la clasificación realizada por Vallejo, (2007):

Tabla 3: Comunicación no verbal del entrenador y su significado.

Acto	Significado
Acariciar la barbilla	Toma de decisiones
Entrelazar los dedos	Autoridad
Dar un tirón al oído	Inseguridad
Mirar hacia abajo	No creer en lo que se escucha
Frotarse las manos	Impaciencia
Apretar la nariz	Evaluación negativa
Golpear ligeramente los dedos	Impaciencia
Sentarse con las manos agarrando la cabeza por detrás	Seguridad en sí mismo y superioridad
Inclinar la cabeza	Interés
Palma de la mano arriba	Sinceridad, franqueza e inocencia
Caminar erguido	Confianza y seguridad en sí mismo
Pararse con las manos en las caderas	Buena disposición a hacer algo
Jugar con el cabello	Falta de confianza en sí mismo e inseguridad
La cabeza descansa sobre las manos o mirar hacia el suelo	Aburrimiento
Unir los tobillos	Aprensión
Manos agarradas hacia la espalda	Furia, ira, frustración
Brazos cruzados a la altura del pecho	Actitud a la defensiva
Cruzar las piernas, balanceando ligeramente el pie	Aburrimiento
minar con las manos en los bolsillos o los hombros encorvados	Dudas
Tocarse ligeramente la nariz	Mentir, dudar o rechazar algo
Comerse las uñas	Inseguridad o nervios

Fuente: Vallejo (2017)

Por otro lado, Sampedro (1999, p. 116) afirma que "la comunicación en su modelo verbal en el deporte, a veces no es conveniente por muchos motivos, entre otros porque revelaría los planes al contrario, sobre todo al contrario, no siendo esto propicio de cara a la efectividad. De hecho, en la iniciación deportiva, el uso de esta comunicación verbal masiva, entorpece las relaciones entre los mismos actuantes".

4.5. EXPERIENCIA DESDE LA PRÁCTICA (ENTREVISTA A JOSÉ LUIS OLTRA)

En este capítulo, vinculamos la experiencia como entrenador de un equipo profesional a aspectos relacionados con la comunicación, y es por ello que le planteamos a Oltra una serie de interrogantes para poder vincular los aspectos teóricos explicados con anterioridad al trabajo del cuerpo técnico. Es por ello, que planteamos como primer como interrogante, "*¿Qué tipo de mensajes emplea con los jugadores para poder comunicarse con ello de manera eficaz? ¿Y con el staff técnico?*", a lo cual el entrenador nos comenta que "*el tipo de mensaje, y más en el ámbito deportivo en el que yo me muevo, que es un equipo de fútbol profesional, en el que te encuentras gente con cierta capacidad, ya o sólo hablo a nivel académico, sino de nivel de formación, nivel de atención, nivel educativo, cultural, etc., por eso creo que el mensaje debe ser corto, conciso, claro y directo. Esta es la mejor manera de poder llegar al máximo número de personas en un ambiente grupal, luego tiene que ser un lenguaje que ellos interpreten y entiendan, un lenguaje cotidiano. Evidentemente, puedes utilizar algún tecnicismo, pero creo que cuanto más cotidiano, corto, coloquial, preciso y de su nivel sea el mensaje que utilices, más fácil será la captación del mensaje enviado*".

Durante la conversación, nos surgió la duda de conocer el tiempo aproximado empleado para enviar un mensaje grupal al equipo, obteniendo como respuesta: "*para empezar tengo por costumbre cuando estamos en competición, hacer tres mensajes: la charla análisis postpartido (en la cual los mensajes son muy claros acerca de lo que ha ocurrido en el partido anterior y preparación del siguiente partido y focalizando la atención en el mismo, se hace en el tramo final, muy escueto y siempre repetitivo), una segunda reunión grupal en la que suelo hablarles del rival (está reunión es más técnica porque suelo hablarle de preparación del partido) y una tercera charla prepartido (siempre la suelo hacer con el mismo esquema, hablando un poco de lo que es el partido, aspectos de motivación, atención, intensidad, etc. y por último explico lo que quiero proponer para ese partido a nivel de juego o a nivel técnico). Destacar aquí que esto es a modo general, luego hay momentos de la temporada en la que el grupo necesita de alguna charla específica y es cierto que cada día como entrenador tengo la oportunidad de dirigirme grupalmente en las pautas de los ejercicios, antes de empezar los entrenamientos para explicarles lo que voy a hacer y siempre tengo charlas grupales que yo no cuento como charlas, dado que son muy escuetas y las que son un poco más largas porque son de análisis o de explicación intento que no pasen nunca de los 20 minutos, y estoy hablando de una barbaridad de tiempo. En este caso, en mi opinión como entrenador durante casi dos décadas en banquillos profesionales, a partir del minuto 7-10, los futbolistas pierden la concentración, por lo tanto, los vídeos y charlas que yo preparo del rival nunca exceden los 6 minutos, dado que a partir de ahí con mi explicación y demás factores ya te vas a 15-20 minutos y ellos pierden la atención".*

En este punto de la entrevista, nos interesó saber cómo es la relación que mantiene con su staff técnico, a lo cual recibimos la siguiente respuesta, *"con el staff técnico tengo charlas continuamente, solemos hablar casi todos los días, primero porque estás en el mismo vestuario o zona de trabajo, segundo porque tienes que preparar la semana, tercero porque tienes que preparar la sesión y cada uno tiene que saber sus funciones dentro de la misma y luego porque a mime gusta conocer la opinión de la gente con la que trabajo y les pido habitualmente que sean sinceros conmigo en sus pensamientos y que respeten las decisiones que tome al respecto del grupo, dado que tiene que haber alguien que tome las decisiones y en este caso es el entrenador (en este caso soy yo) y a veces tomo la decisión en contra de alguna opinión, pero entre todos intentamos ser de la misma lengua, de la misma idea y claro que tenemos reuniones habituales, pero no solo entre los que componemos el cuerpo técnico, sino con el cuerpo médico, directiva, etc., y además por mi carácter soy una persona que hablo mucho".*

Por lo tanto, hablando de comunicación, se nos hace inevitable querer conocer los elementos que dificultan la comunicación a un entrenador de futbol profesional en su día a día, a lo cual obtenemos la siguiente información *"en alguna ocasión encuentro como dificultad el idioma, aunque no ha sido lo habitual dado que en la categoría en la que yo me he movido no a sido clave, pero vengo del Granada que te cuentan que el año anterior había 11 nacionalidades distintas en una misma alineación, lo cual supone una barrera cultural, una barrera idiomática, una barrera que a veces te limita en alguna medida. Por tanto, a la gente que tiene dificultad con el idioma o con el tema cultural o religioso, debes tener un trabajo mucho más individualizado, dado que no entenderán la mayoría de las cosas del grupo y su nivel relacional en un primer instante se puede ver mermado por estas barreras, aunque esa individualización del trabajo se hace con todos en algún instante de la temporada. Este trabajo individualizado puede llevar en alguna ocasión a utilizar intérpretes, traductor, respetar las creencias de cada uno, utilización y apoyo video gráfico (no soy muy dado a la utilización de vídeos como norma), charlas ppt, motivación visual, etc. En partidos y charlas utilizó mucho el lenguaje gestual, que es un lenguaje universal y a través del mismo intento captar la atención de la gente de una forma más directa, dado que soy una persona muy gestual".*

Capítulo 5

LA GESTIÓN DEL TIEMPO DEL EQUIPO

Muchos de nosotros nos tomamos mucho tiempo en atender lo que es Urgente, pero no el suficiente tiempo en aquello que es Importante (Covey, 1995)

5.1. INTRODUCCIÓN

A través de este capítulo se expone la importancia que tiene saber gestionar el tiempo del equipo de una manera eficaz y eficiente, dotándolo de las herramientas necesarias para ello y exponiendo algunas particularidades que merman negativamente la obtención de resultados positivos.

Entendemos la gestión del tiempo como un conjunto de técnicas, procesos y herramientas que emplea el jefe del equipo (en este caso el entrenador de un equipo de fútbol) con el fin de organizar el tiempo de una forma clara y concreta, coordinando a un conjunto de individuos (futbolistas) para alcanzar un objetivo común utilizando el menor tiempo posible. El entrenador suele tener un perfil completo y variado en el que hay tanto habilidades sociales como amplios conocimientos técnicos, multitud de experiencias en relación al tiempo de ejecución, al tiempo de entrenamiento, al tiempo de ocio, etc.

En definitiva, la gestión del tiempo es un elemento clave a analizar y a conocer dentro del *management* deportivo, y más concretamente para el entrenador de fútbol, dado que una buena gestión del mismo puede provocar en el equipo mayor tiempo personal y un mejor tiempo profesional.

5.2. ¿QUÉ ES EL TIEMPO?

Teniendo en cuenta la definición de la Real Academia Española (2018), "la palabra tiempo se utiliza para nombrar a una magnitud de carácter físico que se emplea para realizar la medición de lo que dura algo que es susceptible de cambio. Cuando una cosa pasa de un estado a otro, y dicho cambio es advertido por un observador, ese periodo puede cuantificarse y medirse como tiempo".

Cuando hablamos de tiempo, decimos que podemos ganarlo, perderlo o incluso ahorrarlo, pero lo cierto es que es muy difícil de administrar. Sin duda, el tiempo avanza sin que podamos hacer nada. Es decir, no podemos lograr que el tiempo avance o se detenga a nuestro gusto sino que avanza sin que podamos modificar su curso (Pérez, 2016).

En este sentido, Ballenato (2012, p. 309) establece que "el tiempo es inflexible, pasa y no se detiene, aunque a veces se tenga la sensación de todo lo contrario. Es, en apariencia, una variable que no se puede modificar. No es posible alargarlo, estirarlo, comprarlo o detenerlo. Sin embargo se puede controlar".

Por tanto, siguiendo a Valls (2003), podemos afirmar que el tiempo es un recurso que se considera imprescindible para cualquier actividad que llevemos a cabo de una manera puntual o con asiduidad, y administrarlo de un modo eficaz permitirá optimizar el rendimiento y alcanzar mejores resultados con menor esfuerzo.

En definitiva, entendemos el tiempo como algo muy preciado, algo a lo cual hay que darle una importancia vital dado que es lo único que nunca se recupera en ninguna situación y que modificará el resultado final de las tareas según la gestión que se haga de él. En concreto, el término tiempo en el ámbito futbolístico tiene una alta repercusión en referencia a los resultados obtenidos tanto a nivel grupal como a nivel individual, por ejemplo, el tiempo de reacción ante un estímulo puede provocar una ocasión de gol o no provocarla, el tiempo de espera en un banquillo puede provocar ansiedad o estrés, el tiempo de ocio de un futbolista puede optimizarse vinculándolo a la mejora profesional, el tiempo utilizado en un charla con el grupo puede provocar motivación o desinterés, etc. Por lo tanto, esta gestión es de vital importancia y puede ayudar a mejorar el ambiente del grupo, a evitar un posible malestar entre sus integrantes y puede regular la utilización del tiempo personal y profesional en busca de una mejora de los resultados a nivel individual y grupal.

5.3. DIFERENTES TIPOS DE TIEMPO: EL PERSONAL Y EL PROFESIONAL

En este momento hemos de hablar del tiempo personal y del tiempo profesional del futbolista, dado que un deportista de élite utiliza una parte de su tiempo a lo profesional y otra parte a lo personal, y dentro de lo personal a multitud de actividades o tareas que le complacen y le competen.

Para entender estos conceptos, nos acercamos a las definiciones expuestas por Ménard (2004):

- ✓ **Tiempo personal:** se refiere al modo en que utilizamos nuestro tiempo, nuestro quehacer, tomamos decisiones, establecemos prioridades o gestionamos nuestras tareas, etc.
- ✓ **Tiempo profesional**: se refiere al tiempo que le dedicamos a gestionar nuestras rutinas laborales. A su vez, el tiempo profesional se divide en:
    - *Tiempo compartido:* se refiere a ese tiempo cuando estamos trabajando en equipo, es decir la forma en la que gestionamos las reuniones, su planificación, desarrollo, conclusiones, etc.
    - *Tiempo delegado:* está relacionado con todo aquello que delegamos a otros.

Clarificados estos conceptos se llega a la idea de que una adecuada gestión del tiempo proporcionará al equipo jugadores emprendedores, activos, entusiastas y con deseo de mejorar en el campo de juego. Forsyth (2005) establece una serie de características que tienen que tener los profesionales a la hora de gestionar el tiempo y que son aplicables al ámbito futbolístico:

- Obtienen toda la información existente sobre el tema en cuestión, e invitan a una mesa de debate al resto del equipo y a expertos en la materia.

- Delegan con claridad y precisión.
- Formulan los objetivos de lo que se quiere alcanzar.
- Establecen las estrategias para llegar a la consecución de los objetivos
- Proporcionan otras posibles estrategias y así como las consecuencias positivas y negativas que se pueden tener.
- Estudian y eligen la mejor opción
- Llevan un control de lo delegado, para asegurase que se están logrando los objetivos.
- Tienen pendiente tareas que aún deben realizar.

Teniendo en cuenta esto, se deduce que, para conseguir el máximo potencial de cada jugador, se debe aprovechar al máximo el tiempo, centrándose en las cosas más importantes en lugar de hacerlo en todo Es decir, es fundamental tomar decisiones y ejercer un control para aprovechar al máximo su tiempo.

En este sentido, para Valls (2003) la falta de tiempo procede de nuestra manera de utilizarlo. Ser selectivo es el camino hacia la productividad, y más aún, hacia el equilibrio, centrándonos en lo importante y olvidando el resto. El secreto para tener más tiempo es hacer menos cosas, elegir lo esencial y simplificar todo lo que se pueda el resto. Es decir, a través de una buena gestión del tiempo, alcanzarás mejores resultados con menor esfuerzo.

Del mismo modo, Ménard (2004) establece que a través de una buena gestión del tiempo conseguiremos un mayor éxito profesional. Para él, los profesionales que manejen su tiempo de una manera óptima serán más productivos, eficientes y su desempeño laboral se convertirá en su mejor carta de presentación a la hora de poder realizar una promoción interna, cualquier ascenso o, incluso, para acceder a nuevas opciones laborales.

Igualmente, Davidson (2000) establece que una buena gestión del tiempo nos permite nos permite crear hábitos eficientes y nos ayuda a clarificar nuestras ideas sobre lo que deseamos en el plano profesional. Es decir, nos ayuda a aspirar más en el mundo laboral, a promocionar o incluso a obtener mayor formación y capacitación en aquello a lo que nos dediquemos.

En definitiva, si aprendemos a gestionar el tiempo personal y el tiempo profesional obtendremos mejores resultados en los objetivos planteados, logrando un equilibrio entre un rendimiento deportivo óptimo y una vida personal satisfactoria.

5.4. LA GESTIÓN EFICAZ DEL TIEMPO DEL EQUIPO: PLANIFICACIÓN Y PRIORIZACIÓN

Antes de establecer herramientas para gestionar el tiempo de forma eficaz, es concepto gestionar el tiempo como el dominio que hacemos del propio tiempo y trabajo, en lugar de ser dominado por ellos, dado que es una de las claves para alcanzar los objetivos y metas propuestas. Por tanto, la gestión del tiempo es una herramienta del *management* que permite manejar y disponer plenamente del tiempo de trabajo, evitando en lo posible toda interrupción que no aporte nada a los objetivos del equipo. El gestor se ha de formular preguntas tales como: ¿cuál es la mejor manera de usar su tiempo en este momento?, ¿qué es lo más importante?, ¿y lo más urgente?

Siguiendo esta idea, podemos decir que debemos organizar el tiempo de forma que consigamos obtener los objetivos perseguidos, utilizando para ello las herramientas necesarias y evitando perder el tiempo con aquellas acciones que nos alejan de nuestra meta.

Para conseguir los objetivos propuestos, Rodrigo (2005) establece una serie de herramientas para gestionar el tiempo de forma eficaz. Establece que debemos formular en primer lugar los objetivos que puedan conseguirse a corto plazo y que sean realizables. En este sentido, Forsyth (2005) establece que un objetivo bien formulado debe de ser relevante, específico, medible, alcanzable y con fecha de cumplimiento. Además, han de ser claros, concretos, concisos y consistentes con lo que busca el equipo.

Igualmente, para Casado (2002) es primordial que el jugador conozca cuáles son sus objetivos, saber qué espera el equipo, el entrenador y el resto de jugadores, de él, para que pueda centrarse en las tareas importantes y trabajar para la consecución de los mismos.

En segundo lugar, propone el uso de la agenda como instrumento de planificación y organización, teniendo en cuenta que es importante tener una sola agenda, anotar solo horas reservadas, reservar para citas importantes los momentos de mayor rendimiento, contemplar los tiempos de desplazamiento, organización y preparación de la reunión y, sobre todo, no aplazar las tareas dado que se acumularían. Además, Rodrigo (2005) muestra la importancia de tener en cuenta la asertividad en las reuniones y no olvidar nunca los ladrones del tiempo (llamadas telefónicas, visitas y desplazamientos durante las reuniones, correos electrónicos, etc.) como algo que repercute negativamente en la gestión eficaz del tiempo.

Por otro lado, a la hora de gestionar el tiempo de forma exitosa debemos organizar el trabajo a través de la planificación y de la programación. Ballenato (2013) aclara estos dos conceptos

- *Planificar:* decidir qué se va a hacer, planteando objetivos a largo plazo, y objetivos a medio y corto plato que los hagan posibles. Por tanto, es fundamental decidir lo antes posible qué se quiere conseguir.
- *Programar:* decidir cuándo se va a hacer y asignar los recursos necesarios para conseguir los objetivos.

Covey (2003) propone una matriz de gestión personal para clasificar las distintas tareas y actividades diarias según dos criterios: 1. Urgencia, aquellas actividades que requieren una acción inmediata, y 2. Importancia, aquellas actividades que tienen que ver con los resultados. No obstante, con el fin de lograr gestionar el tiempo eficazmente, es preciso tener en cuenta la Ley de Pareto (Ley del 80/100). Koch (1999) entiende que no se trata de trabajar duro sino inteligentemente. Este autor elimina el sentimiento de culpa que se produce en el ámbito profesional por no trabajar un número elevado de horas al día y prioriza focalizando el trabajo diario en una jornada laboral con un numero de horas inferior, pero con mayor rendimiento laboral y personal para el profesional, dado que en ocasiones muchas de las actividades que se llevan a cabo no dan resultado y solo un 20 % de ellas influye directamente, con lo cual sería conveniente eliminar todas aquellas que no aportan positivamente en el resultado.

Además, para Casado (2002), la programación sirve para:

- Evitar urgencias y crisis
- Abarcar sólo las tareas posibles
- Trabajar sobre lo significativo
- Descartar la indecisión y los aplazamientos
- Rechazar el estrés y la agitación
- Mantener el control de las acciones y del entorno inmediato

Para organizar nuestro tiempo tenemos en primer lugar que priorizar que acciones o tareas son importantes, es decir, establecer en qué orden vamos a ir realizándolas. Covey (2003) establece la siguiente clasificación:

- Tareas urgentes e importantes: se trata de tareas prioritarias en cuanto a que están contempladas dentro de los objetivos, pero que, por falta de planificación o imprevistos de última hora, son urgentes y no se pueden demorar más. Exigen, por lo tanto, una resolución inmediata.

- Tareas urgentes y no importantes: son tareas que han de ser realizadas ya, pero que no son importantes puesto que su realización no aporta valor en el cumplimiento de los objetivos. Estas pueden ser delegadas a diferentes miembros del equipo.

- Tareas no urgentes e importantes: son tareas contempladas como parte de los objetivos, las cuales se han sabido o podido planificar correctamente, con lo cual se pueden realizar con perspectiva. Estas son las tareas entendidas de mayor productividad para el equipo.

- Tareas no urgentes y no importantes: son tareas que ni son importantes para el cumplimento de los objetivos, ni son apremiantes. Son actividades que permiten su procrastinación.

Llegados a este punto, Davidson (2000) establece una serie de herramientas para lograr una eficaz gestión de tiempo, aplicables al entorno de un equipo de fútbol:

- Focalizar sobre lo importante y prioriza.
- Clasificar las tareas a realizar entre: acción urgente e importante, acción urgente y no importante, acción no urgente e importante y acción no urgente y no importante
- Organizar tu jornada. Define y escribe las tres tareas más importantes del día.

- Limitar el tiempo de cada tarea, fíjate unos plazos.
- Concentrarse al 100% en cada actividad
- Limitar las interrupciones.
- Empieza con todo lo que se puede hacer en menos de 3 minutos (así te quitas de en medio las pequeñas acciones que distraen).
- Haz las tareas más desagradables durante las primeras horas del día.
- No ajustes demasiado tu agenda, deja un poco de tiempo a los imprevistos o retrasos.
- Cambiar de tarea, diferencia las actividades durante el día.
- Aprender a saber decir "NO" a todas las solicitudes que tengas y que no contribuyan a que consigas tus proyectos o que no tengan un interés claro para ti.
- Acordarse de tomar algunas pausas para retomar fuerzas e inspiración.
- Ordenar el espacio.

Para llevar a cabo esta gestión, Hochheiser (2000) establece tres fases que optimizarán los resultados y a través de las cuales se fomentará la productividad:

1. *Interiorización*: en esta primera fase hay que reflexionar sobre lo que falla en la gestión del tiempo y analizar las causas de pérdida del tiempo. Por ello, es necesario dedicar un tiempo, tanto al análisis como a definir las estrategias y herramientas que se van a utilizar.
2. *Ejercicio de voluntad*: una vez se haya decidido mejorar la gestión del tiempo, el jugador debe poner de su parte, no solo durante esta etapa de implantación, sino a lo largo de su trayectoria profesional, especialmente en aquellos momentos de mayor presión.
3. *Auto motivación*: el jugador debe de motivarse a él mismo y animarse a conseguir las mejoras propuestas.

El resultado de estas tareas supondrá una gestión del tiempo eficaz y eficiente. Tirado (2006) aporta un matiz diferencial a estos conceptos que es preciso enfatizar en este momento:

- *Eficaz*: consiste en hacer lo que hay que hacer. Se centra en el resultado: en que debe ser hecho, con los menores recursos posibles.

- *Eficiente:* hace muy bien lo que hace. Pero puede realizar maravillosamente algo que debería haber realizado otro, o que ni siquiera era necesario hacer

Davidson (2000) establece que es recomendable, para llevar a cabo las recomendaciones aquí descritas, la elaboración de un plan de acción (planificar y programar) a través del cual se organizarán las diferentes actividades a realizar, englobadas en proyectos y con fecha de cumplimiento. Una vez expuestas las diferentes actividades a realizar, se priorizarán en base al cumplimiento de los objetivos, según el grado de importancia y de urgencia. A continuación, se han de repartir estas actividades entre los días de la semana, teniendo en cuenta la duración real de cada una e intentando acompasarlas al resto de programación. Finalmente, es preciso cinco minutos diarios a repasar y regular la agenda.

En definitiva, a la hora de gestionar el tiempo de forma adecuada, Tirado (2006), Acosta (2015) y Piera (2016) establecen que que el profesional debe tener en cuenta los siguientes aspectos:

- Planificar los objetivos
- Asignar prioridades
- Programar las acciones para conseguirlos
- Establecer un horario y respetarlo
- Dar a cada acción el tiempo necesario
- Trabajar sobre lo esencial, lo prioritario
- Pasar a un punto cuando termine el anterior
- No trabajar en varias tareas a la vez
- No cambiar de tarea continuamente
- Tener todo bajo control, en un único lugar
- Evaluar los resultados y programar el día siguiente
- Trabajar en un entorno libre de agresiones
- No resolver los problemas de tiempo trabajando más horas
- No conectarse a redes sociales cada diez minutos
- Hacer las llamadas o conectarse a internet cuando se tenga un rato libre
- Descansar un día a la semana y despejar la mente
- Levantarse temprano
- Reservar tiempo para su vida privada

5.5. LOS ENEMIGOS DEL TIEMPO

Una de las principales causas de no gestionar bien el tiempo son los llamados "ladrones del tiempo" que provocan que perdamos nuestro tiempo en cosas que no son importantes para logar nuestros objetivos (Rodrigo, 2005).

Ménard (2004) establece una serie de acciones que entorpecen una adecuada gestión del tiempo y que pueden convertirse en esos denominados ladrones:

- *Excesivo perfeccionismo:* no debemos obsesionarnos con perfeccionar un trabajo porque nos va a llevar a repasar, rehacer, completar, mejorar y esto conlleva consigo un tiempo excesivo que no significa que el producto final sea de gran calidad con respeto al tiempo empleado en ello.
- *No saber establecer prioridades:* es primordial saber priorizar qué acciones son importantes para cumplir los plazos establecidos y así logar nuestra meta lo antes posible.
- *Ocupar demasiado el horario:* es fundamental tener algunos espacios de descanso para no saturarse y rendir al máximo.
- *No saber decir que no:* debemos aprender a decir que no cuando esa actividad no nos llena o no nos sirve para nada porque le estamos quitando tiempo a nuestro objetivo o a poder realizar lo que nos gusta por miedo a decir que no.
- *No ser puntual:* es primordial ser puntual para tener controlada todas las tareas que tiene que realizar y así evitar una desorganización del tiempo
- *La falta de concentración:* debemos combatir y actuar sobre esta característica para aumentar todo nuestro potencial.
- *No establecer correctamente los horarios:* debemos ser conscientes de cuántas tareas podemos realizar en un día para no saturarnos y llegar a completarlas correctamente.
- *Postergar la toma de decisiones:* es fundamental tomar decisiones lo antes posible para no alargar más la situación y conseguir los

resultados lo antes posible, de otra manera podríamos tomar malas decisiones al posponer la toma de decisión durante tanto tiempo.

- *No saber en qué se ha invertido el tiempo:* debemos ser conscientes en qué invertimos nuestro tiempo evitando improvisar, de este modo conseguiremos los resultados esperados.

- *Hacer varias cosas a la vez:* debemos evitar hacer varias cosas a la vez porque lo que conseguimos es no hacer ninguna de manera adecuada, de este modo cometemos errores lo que implica volver a tener que hacer de nuevo esta tarea, implicando de este modo una pérdida de tiempo.

Según Allen (2006), algunas de las cusas tanto externas como internas que dan lugar a los llamados "ladrones del tiempo" serían las que se exponen en la tabla 3.

Tabla 4: Los ladrones del tiempo

- Causas internas	- Causas externas
- Objetivos y prioridades confusos y cambiantes	- Burocracia
- Ausencia de un plan de trabajo diario	- Tecnología pasada y recursos escasos
- Falta de organización	- Política de puertas abiertas
- Ausencia de método y control	- Teléfono
- Trabajos no terminados, todavía "en curso"	- Desplazamientos
- No delegar	- Interrupciones y visitas inesperadas
- Desconocimiento de uno mismo	- Reuniones imprevistas o sin preparar
- Dilación en la toma de decisión	- Deficiencias en la comunicación
- Perfeccionismo	- Falta de interés del personal
- Querer abarcar demasiado	- Incompetencia de los superiores
- Atención excesiva a los detalles	- Falta de formación de los colaboradores
- Somnolencia y poca relajación	- Gestiones administrativas personales
- Indecisión o demasiada rapidez	- Interrupciones de la familia
- Poca rapidez en lecturas y otros quehaceres	
- Fatiga, baja forma	

Fuente: Los ladrones del tiempo (Allen, 2006).

Centrándonos en exclusiva en el campo de juego, Piera (2016) establece una serie de acciones que pueden ser identificadas como los efectos reparadores o antídotos de los ladrones del tiempo:

- *Disciplina personal:* es fundamental que el jugador sea puntual, no se distraiga y respete lo marcado en el horario.
- *Reuniones:* las reuniones de los jugadores con el entrenador deben de llevarse a cabo con un orden del día entrándose en lo que se persigue ese día. En caso de que haya jugadores que no se vean afectados, deben volver a su entrenamiento.
- *Emails:* se debe contestar solo lo imprescindible. Es útil tener un guion del que valerse para algunas respuestas.
- *Visitas no planificadas:* es mejor emplazar al visitante al momento que sea más apropiado.
- *Desorden:* es fundamental el orden para trabajar de forma exitosa.
- *Teléfono:* tanto las llamadas recibidas, como las emitidas, son unos de los principales ladrones de tiempo. Por tanto, debemos establecer filtros y agrupar las llamadas para realizarlas en el momento más adecuado.

5.6. EXPERIENCIA DESDE LA PRÁCTICA (ENTREVISTA A JOSÉ LUIS OLTRA)

"Soy una persona muy normal. Me levanto, llevo a mis niños al colegio y me voy directo a la ciudad deportiva y de entrada realizamos un desayuno conjunto entre todos (hay veces que no desayuno y me acerco a tener un contacto con todo el grupo, dado que es un momento de forma distendida donde hablas de forma más coloquial con los futbolistas y observas situaciones y sensaciones), y de aquí salgo a una primera reunión con el cuerpo técnico que luego tenemos en nuestro vestuario, en la cual exponemos y matizamos lo que vamos a realizar en la sesión de entrenamiento; y salimos al campo de entrenamiento. Una vez todos fuera, explicamos en qué va a consistir la sesión y después del entrenamiento yo siempre tengo como rutina el volver a reunirme con el cuerpo técnico para ver cómo ha ido el entrenamiento, si creemos haber llegado a los objetivos planteados en el mismo, en definitiva, saber cómo

ha salido la sesión. Después ya entra en acción una parte programada, y son las reuniones que diariamente suelo tener con los futbolistas de forma individualizada y privada, dado que entiendo que estas conversaciones privadas o individualizadas son las que hacen que tú puedas llegar al futbolista mucho más. Después vienen las reuniones inesperadas, que a diario surge alguna, como por ejemplo la llamada del director deportivo, el director general, llegada de un representante o alguna demanda de un miembro del cuerpo técnico, médico o de algún futbolista. Dependiendo de los días de la semana (más a principios de semana), siempre tengo vídeos del rival o equipo propio para analizar y siempre le dedico una parte importante de la tarde a preparar las sesiones, las acciones a balón parado, a las marcas del rival, etc., intentando siempre tener la mayor parte posible de factores controlados, aunque también dedico una parte de la tarde a ver el entrenamiento de mis hijos y este tiempo lo recupero o por la noche o renunciando a otro tipo de cosas. En definitiva, los entrenadores de fútbol le dedicamos una cantidad de tiempo brutal al fútbol.

Creo que tiene que haber un equilibrio entre el tiempo personal y profesional. Es muy importante el tiempo profesional, dado que es el tiempo que utilizas para ganarte la vida y le tienes que dedicar las 24 horas del día (haciendo referencia en este tiempo al entrenamiento invisible), pero la clave de verdad es emplear bien ese tiempo profesional y que verdaderamente sea útil, haciendo un trabajo individualizado, teniendo en cuenta que el futbolista no solo trabaja las dos horas que sale al campo (aquí hay que tener en cuenta las horas de gimnasio, readaptación, fisioterapia, prevención, fortalecimiento, etc.), con lo cual tienes que emplear bien ese tiempo profesional, por lo que no es cuestión de cantidad (qué para mi es importante) sino de calidad, equilibrando los tiempos de trabajo y los tiempos de ocio y descanso. Nosotros intentamos en coordinación con el preparador físico controlar y planificar las sesiones, contabilizando, midiendo y estructurando dichas sesiones. De hecho, alguna vez hemos usado a matriz DAFO, no sólo con los futbolistas, sino con nosotros mismos como cuerpo técnico y creo que es algo bastante importante. Además, me gustaría aclarar que hay tareas que como entrenador no dejo en manos de nadie y hago referencia en este sentido a las charlas, dado que tengo que ser yo el que las haga, dado que no puede transmitir a otro una idea mía y no le pondría el acento en lo que *yo quiero transmitir y sobre la idea de juego y, por eso, hay sesiones en las cuales los matices importantes y sobre lo que yo quiero incidir solamente lo puedo plantear yo. De todas formas, soy de la opinión de que la mayoría de tareas, cuando estamos en el terreno de juego, las tiene que dirigir el entrenador o por lo menos estar muy pendiente. Por ejemplo, en los calentamientos solo estoy y observo, si lo que observo no me gusta intento entrar para que la gente reaccione, aunque dejo en manos del preparador físico la propuesta y explicación de la actividad. Una tarea de futbol o cualquier tarea para la organización del equipo no quiere decir que la tenga que proponer el entrenador, pero sí que creo que la dirección de las tareas debe llevarla a cabo el entrenador, dado que si no es de esta forma no genera niveles de confianza con el jugador. Además, cuando delego alguna tarea propongo confianza absoluta en la gente que trabaja conmigo, aunque antes de llevarla a cabo me plantean la actividad y me aportan conocimiento de la misma".*

Capítulo 6

IDENTIFICACIÓN DE CONFLICTOS, SU REGULACIÓN Y LA TOMA DE DECISIONES

La cooperación no es conflicto, sino el medio para resolver el conflicto (Deborah Tannen, 1996)

6.1. INTRODUCCIÓN

A través de este capítulo trabajamos aspectos relacionados con el diagnóstico de conflictos y con la toma de decisiones. Es un tema de gran importancia a la hora de trabajar el *management*, dado que en nuestras relaciones diarias con personas se generan algunos problemas y, por mínimos que sean, son la causa mayor de nuestras frustraciones dentro y fuera del ambiente de trabajo. Por este motivo, empezamos definiendo lo que entendemos por conflicto desde una visión teórica, así como planteamos cuándo suele surgir o aparecer un conflicto, que características suele tener y su tipología.

Entendemos como conflicto la definición aportada por Bell y Smith (2001, p. 12), que afirman que: "es una situación en la que dos o más personas no están de acuerdo con el modo de actuar de un individuo o un grupo". Por tanto, además de conocer aspectos relacionados con este concepto, se explican una serie de estrategias a tener en cuenta para que su resolución se de en las mejores condiciones posibles; esto se lleva a cabo a través de estrategias como son la negociación, el arbitraje y la mediación.

En las últimas páginas se expone una visión práctica de qué tipo de conflictos se generan en un vestuario de un equipo profesional de fútbol y cuál es el *modus operandi* por el entrenador que colabora con nosotros en este libro para dar solvencia a dichos problemas.

6.2. ¿QUÉ ES UN CONFLICTO?: OCURRENCIA, CARACTERÍSTICAS Y TIPOLOGÍAS

Fuentes (2001) define un conflicto como un proceso que se inicia cuando una de las partes percibe que otra la ha afectado en forma negativa, a lo que Anderson (2007) añade su relación con los valores, perspectivas u opiniones contradictorias que por naturaleza no pueden ser reconciliadas.

Los conflictos surgen cuando las personas no aceptamos por diversos motivos las opiniones o acciones que nos imponen o establecen otras personas o cuando surgen opiniones contradictorias entre los miembros intervinientes.

No obstante, no todos los conflictos son considerados como negativos, ya que siguiendo a Touzard (1981, p. 358), "los conflictos son considerados como un ámbito de cambio, variación y elección entre diversas posibilidades. Y el éxito de la especie ha dependido de la capacidad de socializar estos conflictos y convertirlos en energía creativa". Es decir, a través de la resolución de conflictos las personas han ido evolucionando positivamente, creando numerosas herramientas que le han ayudado a superarse tanto psicológica, intelectual como socialmente.

Según Bleger (1975), algunas de las características de los conflictos son:

- Siempre provocan problemas entre dos o más personas.
- Puede haber violencia en algunos casos.
- Normalmente son iniciadas por dos puntos de vista distintos.
- Son provocados por desacuerdos.
- Es una construcción social, propia del ser humano que puede ser positiva o negativa.
- Valores y perspectivas son amenazados
- Procesos de cambio social
- Relaciones interpersonales
- "Torpeza" para llegar a un entendido

- Grupos que tratan de imponer su criterio

Por otro lado, Calviño (2004), establece que las principales razones por la que se producen conflictos son:

- Comunicación pobre
- La búsqueda de poder
- Problemas con el estilo el liderazgo
- Liderazgo débil
- Falta de apertura
- Cambios en la estructura organizacional
- Desconfianza entre la gente
- Percepción falsa
- Desigualdad de oportunidades
- Ideologías cerradas en sí mismas
- Información falsa o manipulada

Anderson (2007), diferencia entre dos tipos concretos de conflictos:

1. Conflictos personales o socioemocionales: se da entre dos o más personas, debido a algún malentendido o comportamiento inesperado por parte de alguna de ellas.
2. Conflictos materiales o cuantificables: tienen su origen en una diferencia de intereses entre dos personas, debido al interés de conseguir algún beneficio material.

Igualmente, los conflictos pueden clasificarse en función de sus características. En este sentido Bercovitch, Kremenyuk y Zartman (2009), establecen la siguiente clasificación:

- Según su contenido: políticos, culturales, técnicos, etc.
- Según el número de personas implicadas: entre individuos, entre individuo/s y grupo/s, entre grupos pequeños o grandes, entre grupos muy pequeños o muy grandes.
- Es el momento de exponer los diferentes tipos de conflictos y apostamos por la clasificación expuesta por Deutsch (1969), elaborada según los efectos principales que producen en la relación. Estos pueden ser:

- Conflictos constructivos: conflictos cuyos resultados son satisfactorios, constructivos, para todos los participantes.
- Conflictos destructivos: la resolución de conflictos solo es satisfactoria para una de las partes. Suelen ser conflictos sin solución y ambas partes pierden.

El mismo autor defiende que mirar los conflictos constructivamente aspira a que las partes generen energía creativa que puede impulsar cambios a nivel social y personal, así como ayudar a fortalecer los vínculos o relaciones. Los conflictos constructivos ayudan a clarificar los problemas y buscar una solución, a la liberar emociones, a desarrollan el trabajo en equipo y a producir la denominada comunicación auténtica. Por su parte, Ledereach (1990) identifica como beneficios que los conflictos pueden llegar a ser un motor de cambio e innovación personal y social, estimulan el interés y la curiosidad, contribuyen a establecer la propia identidad personal y grupal, mejoran la calidad de la toma de decisiones y fomentan el reconocimiento de la legitimidad del otro

Por el contrario, los conflictos destructivos provocan que aumente la desconfianza en el otro, desplegando estrategias de confrontación y de poder, lo que dar lugar a que las partes sientan que sólo hay dos opciones: ganar o perder. Esto pude llegar a minimizar la moral de las partes, reducir la cooperación, agudizar las diferencias y provocar comportamientos dañinos para los miembros del equipo (hostilidad, sospecha y prejuicios). Lederach (1990) incorpora a estas consecuencias la reducción de la comunicación y el aumento de la inseguridad personal.

Adentrándonos en el ámbito del fútbol, destacar que los conflictos son parte natural de cualquier equipo profesional y que juegan un papel fundamental en ellos las emociones y sentimientos de todos los integrantes del equipo. En este deporte, las causas de un conflicto pueden ser de diversa índole, siendo una de las principales los intereses y necesidades percibidas como desconformes entre entrenadores, futbolistas, cuerpo técnico, etc. Por ello, exponemos la clasificación de los conflictos que exponen los autores Lewicki, Litterer, Minton y Saunders (1994), organizados según las personas implicadas:

- *Conflicto intrapersonal:* surge del enfrentamiento entre individuos que tienen diferentes ideas, pensamientos, emociones, valores, predisposiciones, impulsos, etc.
- *Conflicto interpersonal:* ocurre entre personas individuales.
- *Conflicto intragrupal:* tiene su origen en un pequeño grupo.
- *Conflicto intergrupal:* se produce entre dos grupos.

Los principales conflictos que se producen en un equipo de fútbol tienen su punto de partida durante un partido de fútbol o, como mínimo, se evidencian durante el partido, donde las emociones y sentimientos juegan un papel muy importante (Costez y Saiz, 2012). Es por este motivo, por el cual los entrendores deben tener claro que no existe un motivo único y exclusivo que genere o desencadene un conflicto, sino que estos pueden ser de diversa índole: decisiones técnicas, decisiones tácticas, organizaciones dentro del seno del vestuario y decisiones personales. Siguiendo a Canton y León (2005), debemos tener presente que las razones por las que da comienzo un conflicto se deben, en su mayor parte, al egoismo del futbolista, lo cual crea y genera una actitud negativa en el grupo y provoca acciones egoistas e insolidarias. Es por ello por lo que un entrenador debe llevar asociados poderes de influencia en los demás integrantes del vestuario, haciendo valer su palabra sin ser autoritario, lo que va de la mano de adquirir una formación personalizada en aspectos relacionados con el *management* y la inteligencia emocional.

En definitiva, en la direccion tecnica de un equipo de fútbol, haya o no conflictos, se necesita apoyo mutuo donde el respeto, la confianza, la cooperacion, el entendimiento y la comunicación entre todos los agentes involucrados directa e indirectamente en el seno de un vestuario se involucren para mejorar el rendimiento del equipo.

6.3. DISTINTAS ESTRATEGIAS PARA LA TOMA DE DECISIONES: NEGOCIACIÓN, ARBITRAJE Y MEDIACIÓN

Una vez explicado qué son los conflictos y los tipos de conflictos que se pueden dar, es necesario establecer una serie de estrategias para solucionar dichos conflictos tomando las decisiones más adecuadas para ello.

Según Vallejo y Guillen (2010) es preciso entender el conflicto, es decir, analizarlo para tratar de solucionarlo. Para ello, establecen cuatro fases para ello:

1. Conocer el conflicto: qué ha ocurrido, quiénes son los implicados, en qué momento y lugar, de qué manera y por qué.
2. Observar cómo ha ido evolucionando el conflicto.
3. Analizar el conflicto, sus causas y los intereses y metas de las personas implicadas.
4. Analizar el contexto físico y social en el que se produce el conflicto.

La primera fase, va encaminada al análisis de la situación, en la cual se estudia de dónde proviene el conflicto y cómo ha surgido, observándose y analizándose elementos externos que intervienen directa o indirectamente. Una vez analizado el conflicto, se estudia cómo evoluciona y de qué manera, dado que nos puede dar información relevante para tomar decisiones futuras lo más acertadas y adecuadas posibles. Si el conflicto no desaparece o merma en intensidad, se examinan de una forma más exhaustiva, teniendo en cuenta las causas, intereses y metas de las personas implicadas en el mismo y, en última instancia, se analizan los elementos externos físico-sociales en los que se desenvuelven las personas involucradas para obtener otro tipo de información ajena a estas. Una vez analizado el conflicto y con la información del mismo, se procede a intervenir a través de la estrategia que más se adecue en ese momento y a ese caso.

Las estrategias existentes para resolver los conflictos de la manera más eficaz y eficiente posible son: negociación, arbitraje y mediación (Vinyamata, 1999).

Vamos a definir la negociación teniendo en cuenta las palabras de Martínez-Otero Pérez (2011, p. 34) quien expone que *"es un sistema de resolución de conflictos mediante el cual dos o más partes con intereses contrapuestos se comunican para llegar a un acuerdo, cediendo en algo cada una de ellas"*.

Igualmente, Orte, Brage y Torrelló (2003, p. 12) señalan que "en la negociación intervienen solo las partes, aunque es posible la intervención de un tercero al que se solicite una opinión experta sobre algún tema (aunque su opinión nunca es vinculante) para orientar la resolución del conflicto".

Por otro lado, Fisher (1985, p. 24), define la negociación como *"un medio básico para lograr lo que queremos de otros. Es una comunicación de doble vía para llegar a un acuerdo cuando usted y otra persona comparten algunos intereses en común, pero que también tienen algunos intereses opuestos"*.

Para Noé Ríos (1997, p. 56) "negociar es la acción mediante la cual dos o más personas tratan de resolver un asunto" y donde resolver es "encontrar la solución al asunto que se está negociando, y asunto "es la materia que se trata en la negociación".

Por tanto, cuando negociamos pretendemos resolver conflictos pacíficamente mediante un proceso de búsqueda y formalización de acuerdos, que satisfagan los intereses de ambas partes. Es decir, según Fimenia Nora (2005), "cuando negociamos, las partes deben ser identificadas y que estén dispuestas a pensar acuerdos y contraer compromisos".

Según Fernández (1999), podemos diferenciar dos tipos de negociación: la negociación cooperativa y competitiva.

1. Negociación cooperativa: en este tipo de negociación los implicados quieren llegar a un acuerdo beneficioso para ambas partes, dando lugar a una alta cooperación. Sus características son:
    - Intereses comunes y no posiciones.
    - Ganancia versus perdida.
    - Fijar mestas externas

2. Negociación competitiva: en este tipo de negociación los implicados muestran una débil cooperación y no colaboran. Lo único que buscan es ganar sin importarle si perjudican a la otra parte. Sus características son:
    - Individuo frente al grupo
    - Ceder lo imprescindible
    - No hay flexibilidad
    - Dificulta relaciones de futuro

En segundo lugar, vamos a explicar la segunda estrategia, la mediación. Según Boqué (2003, p. 14), *"la mediación es un procedimiento, compuesto por una serie de estrategias y técnicas, mediante el cual las partes implicadas, con la participación y ayuda de un mediador imparcial e independiente, identifican, formulan y analizan las cuestiones en disputa, con el objetivo de desarrollar y proponer ellas mismas opciones o alternativas que les permitan llegar a un acuerdo que solucione el conflicto o mejore las relaciones entre las partes"*.

No obstante, Butts, Munduate, Barón y Medina (2005), establecen que lo que distingue la mediación de la negociación es que en la mediación existe una tercera persona que ayuda a los implicados a resolver el conflicto.

Igualmente, según Diez y Tapia (2004, p. 16), *"el mediador debe tener una posición neutral sobre el problema, sin opinar o valorar las actitudes o el comportamiento de las partes, ni tomar decisiones sobre las soluciones"*. Es decir, el mediador ha de facilitar que las partes implicadas lleguen a un acuerdo, garantizando igualdad de oportunidades para ambas partes, dejando que las partes implicadas lleguen al acuerdo.

Por tanto, según Martínez de Murguía (1999, p. 35), *"la función del mediador va a consistir en facilitar a las partes implicadas en un conflicto en relación con dos aspectos básicos: en primer lugar, en lo que se refiere al proceso en donde las partes interactúan, se comunican, se relacionan y plantean alternativas o soluciones a sus problemas; para ello, el mediador ha de crear un entorno de confianza, en el que las partes se sientan seguras de que van a poder expresar sus opiniones libremente, ser escuchadas, ser respetadas y no ser forzadas o presionadas. Y en segundo lugar, en aquellos aspectos relacionados con los objetivos que persigue el proceso de mediación, ya se trate de alcanzar acuerdos"*.

En este sentido, Vinyamata (2003a) establece las funciones más importantes del mediador que son:

- Reducir la tensión que puede existir por los enfrentamientos previos entre las partes.
- Facilitar la comunicación entre ellas.
- Propiciar y ayudar en la formulación de propuestas positivas y de acuerdos, como parte del proceso o como su culminación.

- Escuchar para promover la reflexión de las personas sometidas a presiones y conflictos.
- Generar confianza en las soluciones propuestas por las partes.
- Derivar los casos hacia otros profesionales cuando la mediación resulte ineficaz

Por otro lado, Suares (1996, p. 36), establece que *"el rol que debe desempeñar el mediador es aquel que permita facilitar una discusión centrada en los intereses, mediante técnicas relativas al proceso y la comunicación entre las partes, que permita desvelar las preocupaciones y problemas de las partes, e implicándolas en la búsqueda de soluciones y acuerdo".*

Por tanto, según Suares (1996), este rol implica las siguientes conductas y actitudes:

- Mejorar la comunicación entre las partes, lo que puede permitir la mejora en las relaciones y contribuir a su entendimiento.
- Ayudar a definir claramente su problema y los orígenes o causas del mismo.
- Ayudar a comprender los intereses de cada parte, es decir, sus motivaciones.
- Ayudar a generar opciones y alternativas para solucionar la disputa.
- No imponer una solución al problema, y hacer que sean las partes las que decidan.

González-Capitel (2001) establece que hay que tener en cuenta el objetivo de la mediación, que parte, según Vinyamata (2003b), de la revalorización de las partes implicadas en el conflicto, validando a las partes a partir del respeto del otro, sin descalificaciones y juicios excluyentes. Seguidamente se plantea el reconocimiento entre las partes implicadas, expresando la igualdad de condiciones y horizontalidad de los participantes del proceso. A continuación, se da importancia al análisis de intereses de las partes implicadas, identificando, jerarquizando y contrastando los intereses de las partes. Continuando con los objetivos de la mediación, se plantea responsabilizar al conflicto como elemento que logra que las partes asuman su nivel de responsabilidad en el conflicto. En penúltimo lugar lo contextualiza, incorporando en el análisis elementos sociales, culturales, etc., propios del contexto en el que se desarrolla el conflicto y como último objetivo reconstruye el conflicto, identificando y caracterizando explícitamente la relación social entre las partes.

Una vez expuestas cuáles son las funciones y roles del mediador vamos a establecer las fases de la mediación. Para ello vamos a atender a autores tales como Grover Duffy, James y Olczak (1996), quiénes establecen las siguientes fases:

1. "Premediación": Introducción y "contrato" verbal de las partes sobre la participación en la mediación. En ella, las partes reciben del mediador información sobre el proceso y se comprometen a participar. Se llevan a cabo los siguientes aspectos:
   - Explicitar la aceptación de las partes de someterse al proceso (voluntariedad) y de aceptar al mediador.
   - Conocer las posibilidades y los límites de la mediación
   - Garantizar la confidencialidad del proceso.
   - Garantizar la libertad de abandonar si se desea.
   - Respetar los turnos de palabra.
   - Asegurar que todas las partes tendrán las mismas oportunidades.

2. Recogida y síntesis de la información. Las partes comparten la información respecto al conflicto y expresan cómo les afecta o las consecuencias que tiene para ellas, así como el modo en que están viviendo la situación.

3. Identificación de los temas y acuerdo sobre el esquema a seguir. El mediador, con el acuerdo de las partes, establece una división de las partes del problema y el orden a seguir en su análisis y discusión.

4. Generación de ideas y opciones sin compromiso en los temas tratados. El mediador facilita 3°la discusión de manera que se planteen alternativas y aumente la flexibilidad de las partes

Finalmente, ambas partes evalúan las alternativas y formulan los acuerdos. Luego redacta el acuerdo, que ha de ser aceptado en sus términos y firmado ambas partes. Todo este proceso debe recibir un seguimiento para comprobar que se están llevando a cabo los puntos acordados.

Por último, vamos a desarrollar la última estrategia de resolución de conflictos, que en este caso es el arbitraje. Según Gallego (2009), el arbitraje es un método de resolución de conflictos basado en la autonomía de la voluntad de las partes, por el que uno o varios terceros designados por ellas directamente o siguiendo el procedimiento establecido en el convenio arbitral suscrito entre ambas, resuelve la controversia surgidas en aquellas materias de su libre disposición.

En este sentido, Vinyamata (2003b), establece que en este tipo de estrategia "el árbitro establece la solución conforme a un convenio previamente suscrito por ambas partes en donde acuerdan someterse a arbitraje, de modo que, ofreciendo igualdad de oportunidades, el árbitro dictará un laudo. Sin embargo, el árbitro solo tiene potestad cautelar declarativa".

No obstante, Gallego (2009) establece que "el laudo, una vez emitido es firme. Sin embargo, cabe la acción de anulación".

Siguiendo a Redorta (2004), los principios del arbitraje son:

- *Voluntariedad:* las partes se someten voluntariamente a la decisión de un tercero.
- *Igualdad:* las partes deben ser tratadas con equidad.
- *Audiencia:* las partes tienen derecho a exponer sus razonamientos.
- *Contradicción:* las partes tienen derecho a saber de qué se les acusa.
- *Libertad de configuración del Proceso Arbitral:* las partes pueden determinar el proceso, incluso una vez éste ya haya comenzado, si están de acuerdo.
- *Confidencialidad:* ni las partes, ni el árbitro pueden hacer público lo que conozcan durante el arbitraje, ni el laudo final. Salvo acuerdo de las partes.

Por tanto, atendiendo a Six (1995, p. 67), "el arbitraje se resuelve mediante la emisión de un laudo por el árbitro o árbitros designado", entendiendo esto como la emisión de una resolución realizada por un agente externo designado previamente.

6.4. EXPERIENCIA DESDE LA PRÁCTICA (ENTREVISTA A JOSÉ LUIS OLTRA)

¿Cuáles son los principales conflictos que se dan dentro de un vestuario y a los cuales debe hacer frente un entrenador como líder del mismo? *"Hay más de los que la gente cree. Para empezar, el principal conflicto dentro de un vestuario es la gestión de los egos, ya que gestionar un grupo de personas en cualquier ámbito te genera de por sí conflictos. Por tanto, cuando me he referido a la gestión de los egos, hago referencia al carácter diferente que tiene cada persona, porque aunque la norma es igual para todos, el trato debe ser diferente dado que cada uno acepta una forma diferente de dirigirse y, además, hago referencia al tiempo de juego y participación del futbolista, dado que todos quieren participar y jugar, entonces el que participa menos o no entra en una convocatoria genera o puede generar un conflicto, por eso tanto a nivel grupal, como individual debes estar muy encima con este tipo de personas para evitar esos conflictos que pueden aparecer y, si aparecen, poder afrontarlos lo antes posible, creando un estilo de dirección y de disciplina dentro del equipo.*

Otra de las cosas que te genera conflictos es la propia disciplina (puntualidad, normas, etc.), por eso intento convencer a la hora de explicar las normas de obligado cumplimiento y les hago partícipes y consensuo con ellos algunas de ellas, aunque si veo que alguna norma es vital, la implanto desde la imposición haciéndoles ver que es lo mejor para el equipo. Si hacemos referencia al staff técnico, también se generan conflictos o discusiones, dado que no todo el mundo tiene la misma forma de ver las cosas. La mayoría de conflictos con ellos son a nivel profesional, dado que a nivel personal la gente que viene conmigo tiene una forma de ver las cosas que va en consonancia con mi forma de ser y actuar y encajan conmigo. Aunque luego hay parte de personas del cuerpo técnico que me encuentro en el club y a los cuales les hago ver desde un primer momento cual es mi forma de ser y de proceder, adaptándome a ellos y hacerles ver que ellos tienen que adaptarse a mi forma de dirigir y entender la profesión, teniendo algún conflicto en la forma de ver las cosas, formas de dirigir, formas de solventar, etc.

En ocasiones me ha tocado imponer con ellos algunas cosas, dado que no todo puede ser consensuado. Llegado el conflicto, debo reconocer que, según las circunstancias personales y el momento del conflicto, utilizo unas herramientas u otras, personalizando mucho la resolución del mismo. Por ejemplo, si llegas tarde al entrenamiento, por minuto que llegas tarde se sancionará con 5 euros de multa; esta norma es para todos por igual (futbolista, capitán, cuerpo técnico, etc.), sí que es cierto que a la hora de imponer la sanción no lo haces de la misma forma, dado que si tú eres un profesional que ha llegado tarde por algún problema personal y puntual, pues yo le diré tienes 25 euros por llegar cinco minutos tarde, pero si tengo el caso de un futbolista que tiene una vida algo más desorganizada y desestructurada y llega tarde 5 minutos, repitiéndose la anomalía en el tiempo, no lo solventaré de la misma forma que en el caso anterior y seguramente seré muy estricto, personalizando la sanción y agravándola.

Por tanto, en la gestión de este tipo de cosas es donde está cada vez más la diferencia entre los entrenadores, no está en lo táctico, en lo técnico, etc. sino en el control y gestión del grupo como tal, de los recursos, en la toma de decisiones justas para la mayoría, decisiones sensatas que tengan la mínima diferencia posible entre lo que dices y lo que haces. En otras ocasiones, me encuentro con conflictos que se han producido ajenos a mi intervención e intento solventarlos sin mirar para otro lado, mediando o imponiendo si es algo profesional y cortar de raíz el conflicto. También es verdad, que en alguna ocasión, el saber mirar para otro lado no es mala estrategia, dado que el tiempo por sí solo lo acaba solventando sin producirte a ti desgaste, solventándolo entre las partes afectadas y esto es mejor, dado que si hay una tercera persona mediando en la resolución siempre hay un ganador y un vencido y esto deja secuelas que pueden ser latentes en futuras actividades y puede ser un foco de futuros conflictos".

Capítulo 7

ÉXITO Y TRIUNFO: "SUEÑO DE LÍDER"

Si tú no construyes tu sueño,
alguien va a contratarte
para que le ayudes a construir el suyo
(Dhirubhai Ambanie, s.f.)

7.1. INTRODUCCIÓN

Cómo cierre de esta obra, se expone la importancia que tiene para el ejercicio de la práctica profesional conocer y trabajar aspectos como la creatividad, la innovación y el emprendimiento, entendidas como herramientas para el logro del éxito profesional.

Comenzamos desarrollando, en un primer lugar aspectos de gran relevancia en el fútbol como saber en qué consiste el emprendimiento, conocer las características del buen emprendedor y su tipología.

Además, se trabajan aspectos relacionados con la creatividad y se plasma el proceso y tipos de creatividad, las características de las personas creativas, las barreras que se presentan y el cómo mejorar para avanzar en la búsqueda de una mejora personal y profesional.

Finalizamos indicando cómo conseguir el éxito con la ayuda y trabajo de los contenidos planteados con anterioridad, dado que un buen uso de los elementos del *management* pueden provocar cambios y mejoras en los equipos de fútbol que los pueden llevar a un éxito mayor, mejorando y optimizando el rendimiento de los integrantes del equipo en su conjunto.

7.2. ESPÍRITU EMPRENDEDOR

Emprender es un concepto que puede ser definido con múltiples y variadas acepciones, según el contexto donde se emplee o según la connotación que se le imponga. En el ámbito deportivo, se describe al emprendedor como la persona que se aventura en una idea nueva para rentabilizar y mejorar sus resultados, tanto económicos como profesionales (Holm, 2010); son personas cuyas actividades son novedosas de alguna forma y que de alguna manera huyen de rutinas y prácticas aceptadas por la mayoría. Siguiendo a Valdés (2004), las personas emprendedoras se caracterizan por su capacidad para crear e innovar, saliendo de la costumbre y realizando cosas diferentes para obtener resultados diferentes y mejorarlos.

Siguiendo la clasificación de Gutiérrez (2013), observamos que el emprendedor además de ser una persona con un compromiso total, determinación y perseverancia, es capaz de alcanzar y orientarse a las metas, con capacidad de iniciativa y espíritu emprendedor. Este autor describe las características de la persona emprendedora del siguiente modo:

- ✓ **Motivacionales:** los aspectos motivacionales de la persona emprendedora hacen referencia a la necesidad de logro, de reconocimiento y de desarrollo personal, a la baja necesidad de poder y *status*, a una necesidad de independencia, solidaridad y ayuda a los demás y como una vía de escape o refugio.

- ✓ **Personales:** en este ámbito destacan la iniciativa personal, la alta capacidad de decisión la aceptación de riesgos moderados, el saber orientarse hacia la oportunidad, la estabilidad emocional y autocontrol, la orientación hacia metas específicas, complejas y concretas, el locus de control interno (atribuyendo a él mismo los éxitos y fracasos), la tolerancia a la ambigüedad e incertidumbre, el ser receptivo con las relaciones sociales, la honestidad y la confianza, el ser perseverante y constante, la responsabilidad personal y el ser una persona optimista.

- ✓ **Físicas:** a nivel físico, suelen ser personas con una alta carga de energía y que trabajan con ahínco.

- ✓ **Intelectuales:** si atendemos a los aspectos de índole intelectual, los individuos emprendedores suelen tener gran versatilidad y flexibilidad ante el cambio, siendo personas creativas, imaginativas y con buenas dotes para la innovación. Además, suelen buscar la verdad e información sobre los temas en los que están inmersos, llevan una planificación sistemática sobre los resultados, son capaces de analizar los factores externos (el ambiente), poseen una visión comprensiva para los problemas y dotes para su resolución y suelen planificar sus tareas limitando el tiempo de cada una.

En líneas generales son líderes, buenos gestores, exigen eficiencia y calidad, tienen dotes para la dirección y administración de grupos, tienen una buena red de contactos y poseen buenas habilidades comunicativas.

Por tanto, el emprendimiento conlleva ser una persona creativa, tener buenas habilidades para la dirección y optimización de recursos, poseer habilidades para generar innovación en el ambiente laboral, aceptar los riesgos que todo esto conlleva e intentar lograr niveles de desempeño o de crecimiento altos (Huertas, Valantine y Crespo, 2014).

Existen, a partir de estas características, diferentes tipos de emprendedores, que Menéndez (2015) identifica del siguiente modo:

- El emprendedor *administrativo*, el cual hace uso continuo de la investigación y de proyectos I+D+I, con la finalidad de generar nuevas y mejores ideas para desarrollar la actividad laboral, consiguiendo mejoras en el rendimiento del grupo.
- El emprendedor *oportunista*, es aquel que está en continua alerta ante las posibilidades que le rodean y en continua búsqueda de oportunidades.
- El emprendedor *adquisitivo*, es un tipo de emprendedor vinculado con la innovación de sus labores diarias, lo cual le permite prosperar, desarrollarse y crecer y de esta forma mejorar lo que hace.
- El emprendedor *incubador*, debe este nombre por su afán de crecimiento en todos los niveles y prefiere el trabajo de autonomía.
- El emprendedor *imitador*, el cual se dedica a mejorar elemento que ya existen.

En definitiva, todos los tipos de emprendedores son personas con aspectos psicológicos básicos muy similares, los cuales tienen una necesidad de logro de metas, una necesidad de afiliación y una necesidad de poder, siendo la primera de ella donde se recogen más actitudes y actuaciones.

Si bien es cierto que el emprendimiento también posee inconvenientes, entre los que se destacan la mayor dedicación y esfuerzo, riesgos a asumir, incertidumbre, careces de manual de instrucciones, mayores responsabilidades, aprendizaje a través de errores y falta de experiencia, los futbolistas y staff técnico tienen prioridad ante ti, mayor compromiso con tu entorno y estas solo, tomando la última decisión y responsabilizándose por la misma. Si bien es cierto, la búsqueda de los sueños y el éxito personal, valen la pena. En este sentido, cuando leas estas líneas te puede surgir la duda de si eres una persona emprendedora o no, y es aquí donde debes responder a una serie de interrogantes que darán respuesta a esa duda:

- ¿Tengo ideas originales y las pongo en práctica?
- ¿Cuándo quiero algo, insisto hasta que lo consigo?
- ¿Soy arriesgado en mis decisiones?
- ¿Me considero una persona resolutiva, con o sin presión?
- ¿Suelo ser innovador en las actividades que llevo a cabo?
- ¿Creo tener la capacidad de tener éxito en las cosas que me propongo hacer?
- ¿Tengo miedo al riesgo?
- ¿Disfruto haciendo cosas nuevas en lugar de guiarme por las ya existentes?
- ¿Conozco mis capacidades y se cómo explotarlas?
- ¿Creo que el asumir riesgos me llevará a obtener mejores resultados?
- ¿Considero que la perseverancia me llevará al éxito?
- ¿Me siento seguro, incluso en situaciones que se critica mi labor?

Estos, entre otros, pueden ser algunas interrogantes a responder para saber si eres una persona emprendedora o no, mientras más respuestas afirmativas contestes, posiblemente más habilidades, cualidades y actitudes de emprendedor tendrás y más te acercarás a esa figura de la persona emprendedora en busca del éxito.

Se recomienda que para emprender con éxito se tengan en cuenta una serie de pasos que pueden facilitar y encauzar los resultados (Huertas, Valentina y Crespo, 2014):

- Trabaja en algo que te gusta o satisface en todos los niveles de tu vida, dado que está demostrado que una persona que trabaja en algo que le gusta tendrá éxito.
- Expón con claridad tus metas a conseguir.
- Elimina de tu cabeza los obstáculos, tanto económicos, psicológicos y culturales, así como los patrones descendientes familiares que puedan aparecer.
- Crea un plan de acción, dado que realizar un proceso de planteamiento te permitirá dividir los objetivos finales en propósitos a alcanzar, y esto te llevará por un camino estable.
- Y por último y fundamental, todo tiempo y **esfuerzo es** poco, es decir, si de verdad se quiere tener éxito hay que tener una alta capacidad de esfuerzo, una alta perseverancia y una alta vinculación con el proyecto.

7.3. LA CREATIVIDAD: DEFINICIÓN, PROCESO, TIPOS, CARACTERÍSTICAS Y BARRERAS

Cuando nos acercamos al concepto de creatividad obtenemos multitud de definiciones al respecto según el ámbito al que hagamos referencia. En este sentido y dentro del fútbol, entendemos la creatividad como la forma en que un individuo da origen a algo nuevo o adapta algo existente con otra funcionalidad o provocando mejoras para la tarea, desarrollando positivamente su eficiencia y eficacia (Caerols y Tapia, 2014). Es por esto que se considera a la creatividad un proceso mental, un estilo de proceder, actuar y pensar que posee nuestro cerebro para transformar o inventar ideas innovadoras que puedan ser transcendentes, cambiando la realidad del individuo y convirtiendo esta en una vida más cómoda y placentera. En definitiva, es la capacidad que tenemos para ver nuevas posibilidades en todo lo que está alrededor, observando las cosas de manera diferente y analizando los problemas promoviendo su resolución (García et al., 2017). Si concretamos este elementos en el deporte del fútbol, relacionamos la creatividad con los diferentes estilos de enseñanza que se realizan durante un entrenamiento, las diferentes habilidades, estrategias y técnicas de las que se hacen uso para la motivación, resolución de problemas, gestión del grupo y, en definitiva, a la manera no rutinaria de desenvolverse en esta tarea. En este sentido, debemos saber que el emprendedor debe usar la creatividad, y aunque bien es cierto que muchas personas no se consideran creativas (asocian el concepto a obras de arte, arquitectura, inventos, etc.), la persona tiende a crear a diario, dado que día tras día a nivel laboral y personal se plantean inquietudes y problemas que necesitan de una respuesta diferente a la dada en otras ocasiones, y esto se considera crear.

Siguiendo a Ferrer (2008), el proceso de creatividad tiene su máximo desarrollo cuando se produce un equilibrio dinámico entre los dos hemisferios cerebrales, dado que cada uno de ellos realiza unas funciones distintas en la búsqueda de lo creativo. El hemisferio izquierdo está más relacionado con la lógica, el razonamiento, el análisis, los números, el lenguaje y el pensamiento lineal, concreto y digital. Por otro lado, el hemisferio derecho se vincula con el ritmo, la música, la imaginación, los pensamientos abstractos o los colores. Cada persona, tiene un nivel de desarrollo diferente en cada hemisferio, pudiendo realizar ejercicios de mejora de cada uno de ellos y de esta forma alcanzar un equilibrio entre los dos, consiguiendo una mayor eficacia en los procesos intelectuales deseados.

Klimenko (2017) va más allá de estos postulados y entiende que la creatividad es la función cerebral que asocia, analiza e interpreta conocimientos adquiridos para generar nuevas ideas, que beneficien al individuo y a la comunidad. Las estructuras cerebrales que se activan para crear ideas incluyen prácticamente toda la neocorteza y la arquicorteza, así como estructuras subcorticales, el núcleo amigdalino y las diencefálicas (hipotálamo y tálamo), que en conjunto forman parte del sistema límbico, la formación reticular que mantiene el estado de conciencia normal y la conducta de atención, imprescindibles en el proceso creador, y otros núcleos del tallo cerebral relacionados con el sistema nervioso autónomo, que determinan la respuesta visceral asociada.

Esto nos hace exponer las diferentes clasificaciones sobre los tipos de creatividad que han planteado distintos autores, como es el caso de Jeff Degraff, citado en Cantón (2017), el cual plantea que existen cinco tipologías:

- ✓ **Creatividad mimética:** el proceso consiste en solucionar problemas a través de la imitación, adaptándolo que le funcionó ante un problema y observando los errores ajenos para no convertirlos en propios.
- ✓ **Creatividad bisociativa:** en este sentido intenta conseguir un equilibrio entre lo racional y lo irracional, dado que pensar y sentir no son elementos incompatibles, es decir, en este tipo de creatividad se mantiene un orden, pero no se renuncia a ciertos brotes de éxtasis y locura.
- ✓ **Creatividad narrativa:** ser hábil para la narración y tener una mente preparada para la creación de universos únicos y personales a través de la palabra (escrito y oral), nos puede ayudar a dotar de mayor comprensión al mundo que nos rodea.
- ✓ **Creatividad analógica:** es un tipo de creatividad que asocia y conecta lo conocido con lo desconocido, consiste en solucionar nuestros problemas tomando como referencia experiencias pasadas, es decir, no nos debemos obsesionar con el pasado pero tampoco olvidarnos de él.
- ✓ **Creatividad intuitiva:** es un tipo de creatividad que la para que se produzca se necesita que la persona entre en un estado de relajación y concentración en el cual la conciencia fluya de manera natural, en el que las ideas lleguen de forma natural. Para el desarrollo de este tipo de creatividad, se utilizan técnicas de relajación como son la meditación o el yoga.

Si bien es cierto que, aunque hasta ahora sólo hemos hablado de los aspectos positivos de la creatividad, destacar que este concepto también lleva implícito una serie de barreras a superar para poder llegar a la plenitud del mismo. Siguiendo a Menchén (2012), existen diversas barreras que impiden y evitan el empleo de la creatividad, entre las que destacan:

- *Barreras personales:* aquí nos encontramos las de índole mental (no se tiene la capacidad para ver los problemas y por consiguiente no se le buscan soluciones a los mismos) y los de tipo emocional (entre los que destacamos el miedo, el fracaso, el conformismo, prisas, el que todo está inventado, etc.).
- *Barreras sociales y culturales:* vienen provocadas porque el círculo cercano impide el desarrollo, no permite la espontaneidad o planteamiento de ideas o por ser discípulo de un maestro que nos hace siempre esperar indicaciones de él o hacer las cosas como las hace él.

En definitiva, podemos decir que la creatividad se puede desarrollar y para ello se debe arriesgar, buscar la excelencia en las actividades desarrolladas, encontrar varias soluciones ante un mismo problema, analizar las ideas antes de descartarlas, no criticar las ideas ajenas, volver a intentarlo ante un error, no esperar las actuaciones de los demás, abrir el ámbito de interés a otros temas, rodearse de personas positivas, creativas y optimistas, soñar a diario y mantener una alta autoestima.

En conclusión, podemos afirmar, siguiendo al psicólogo estadounidense Csikszentmihalyi, citado en Enebral (2004), que las personas creativas presentan rasgos de personalidad opuestos en diferentes momentos, dado que son individuos agudos e ingenuos, extrovertidos e introvertidos, humildes y orgullosos, agresivos y protectores, realistas y fantasiosos, rebeldes y conservadores, enérgicos y pausados, integrados y diferenciados. Son personas que en sus reflexiones cotidianas no sólo se preguntan el qué y el cómo, sino también el porqué de las cosas, son reservadas, tienen una imagen propia de personas responsables y poseen gran sensibilidad hacia los problemas, originalidad e ingenio en la resolución de los conflictos.

Centrándonos en el ámbito futbolístico, observamos que este deporte tiene un carácter abierto, el cual presenta un alto grado de incertidumbre, debido fundamentalmente a la interacción existente entre los jugadores y el medio. Esta incertidumbre genera multiplicidad de situaciones diferentes e imprevisibles, por lo que existe una gran cantidad de decisiones y juicios que los participantes deben tomar dentro de la acción de juego. El jugador debe estar capacitado para solventar todas las posibles situaciones y acciones que por la naturaleza y la problemática de este deporte puedan darse, debiendo resolver los conflictos que se le planteen, tomando decisiones creativas que sorprendan al rival y mejoren los resultados del equipo.

En este sentido, los jugadores deben poseer un alto índice de autonomía e independencia dado que los condicionantes que tiene el futbol conllevan que "los jugadores están obligados a efectuar en plena situación de juego procesos intelectuales de análisis y síntesis, de abstracción y generalización" (Castelo, 1994, p. 349).

Por tanto, creemos que el entrenamiento de este deporte debe ir enfocado al trabajo en situaciones de juego desde la iniciativa (capacidad de buscar constantemente solución a los problemas), la improvisación (capacidad de dar solución a problemas inesperados con rapidez y eficacia) y la autonomía (capacidad de solucionar problemas con independencia). Para ello, se deben trabajar tareas con los futbolistas en los entrenamientos que desarrollen las capacidades y habilidades que un deportista en este ámbito debe tener para convertirse en una persona creativa, y entre las que destacan tareas que desarrollen (Rey y Trigo, 1995):

- Fluidez: cantidad de ideas.
- Originalidad: diferentes y valiosas, que trabajan e incidan directamente en los objetivos.
- Flexibilidad: facilidad de adaptación.
- Elaboración: completar ideas, trabajarlas.
- Sensibilidad ante los problemas: ir más allá, asociar el problema a la persona y su contexto determinado.
- Redefinición: no suelen ser muy usuales, pero el jugador debe estar preparado para adaptar algo que le funcionó en otro momento.
- Análisis: búsqueda de nuevas relaciones entre los diferentes elementos del contexto.

- Síntesis: enlazar los elementos para tener un todo más novedoso y poder de esta forma sorprender al rival.
- Comunicación: dar a conocer nuestras ideas creativas.
- Nivel de inventiva: es el nivel más alto de la creatividad, la creación.

Por tanto, las características más importantes de los comportamientos técnicos-tácticos-metodológicos de los jugadores y que debe trabajar el entrenador y su staff técnico para mejorarlos en este aspecto, se concretan en (Castello, 1994) fluidez, adaptabilidad, originalidad, reestructuración, anticipación y ejecución.

7.4. ÉXITO Y TRIUNFO: "SUEÑO DE LÍDER"

El éxito, ese concepto que de una u otra manera todo el mundo quiere obtener, ese concepto que se enfoca como el punto culmen donde escalar tras un periodo de esfuerzo y sacrificio, en definitiva, el éxito no es otra cosa que obtener un resultado feliz sobre los objetivos propuestos. En el ámbito del fútbol el éxito es algo que todos los agentes implicados buscan, pero a lo cual muy pocos tienen acceso, dado que el deporte en general y el éxito en el mismo, depende de los resultados, y sólo unos pocos consiguen resultados exitosos en sus carreras deportivas. Atendiendo al ámbito concreto del entrenador, se considera un buen entrenador aquel que consigue ganarse el respeto de los futbolistas tratándolos como personas, aquel que es capaz de comunicarse de forma asertiva, empatizando y dotando de confianza la relación con los mismos, aquel que domina el fútbol y las actividades que plantea, dotando a sus entrenamientos de una seguridad y profesionalidad, aquel que predica desde el ejemplo con honradez, sabiendo escuchar activamente las diferentes propuestas o inquietudes de sus futbolistas y staff técnico, y aquel que ejerce el liderazgo de una forma transformacional, planteando objetivos que suponen un desafío e inculcando estrategias y herramientas para conseguirlo. Todo esto, que en definitiva son los ámbitos tratados en este libro, ayuda a que un entrenador consiga una optimización y mejora de los resultados del equipo, provocando alcanzar el éxito, dado que éxito y resultados positivos son dos conceptos en el ámbito futbolístico que no se pueden separar.

Como entrenador o como parte de un staff técnico, nútrete de conocimientos del *management* (técnica, táctica, análisis de equipos, etc.) y relaciónalos entre sí, esto hará que tus equipos adquieran un plus en cuanto a organización y bienestar y esto hará que puedan mejorar los resultados y, de alguna forma, te acerques más al éxito que buscas.

Referencias bibliográficas

Acosta, J.M. (2015). *Uso eficaz del tiempo: como alcanzar el éxito sin estrés*. Bresca: Profit Editorial.

Albaina, M.; Dulanto, E. y Jiménez, L. (2013). Los roles del equipo BELBIN en acción. Ejemplos de aplicación y reseñas de casos prácticos. *Revista de la asociación española de dirección de personal*, 18, 18-23.

Allen, D. (2006). *Organízate con eficacia. Máxima productividad personal sin estrés*. Madrid: Nuevos Paradigmas.

Álvarez, J. (2007). Comunicación interna. La estrategia del éxito. *Razón y palabra*, 56. Recuperado de http://www.redalyc.org/comocitar.oa?id=199520729023.

Álvarez, O., Castillo, I. y Falcó, C. (2010). Estilos de liderazgo en la selección española de taekwondo. *Revista de Psicología del Deporte*, 19 (2), 219230.

Álvarez, O., Lila, M. y Castillo, I. (2012). Los estilos de liderazgo de la Policía Local de la Comunidad Valenciana: Una aproximación desde la Teoría del Liderazgo Transformacional. *Anales de Psicología*, 28 (2), 548-557

Alves, J. (2000). Liderazgo y clima organizacional. *Revista de Psicología del Deporte*, 9 (1-2), 123-133.

Anderson SK (2007). Conflict theory. En *Blackwell Encyclopedia of Sociology* (p. 662). Oxford: Blackwell.

Añó, V. (1997). *Planificación y organización del entrenamiento juvenil*. Madrid: Gymnos.

Aristóteles (2005). *Retórica*. Madrid: Alianza

Arruza, J.A.; González, O.; Palacios, M.; Arribas, S. y Telletxea, S. (2013). Un Modelo de medida de la Inteligencia Emocional percibida en contextos deportivo/competitivos. *Revista de Psicología del Deporte*, 22 (2), 405-413

Báez García, M. (2006). *Hacia una comunicación más eficaz*. La Habana: Pueblo y Educación.

Ballenato, G. (2012). Comunicación eficaz. *Teoría y práctica de la comunicación*, 20, 308-315, Madrid, Piramides.

Barrera, W. y Chipe, B. (2015). *El liderazgo y su incidencia en la cohesión grupal de los empleados de los locales de Pizza Hut del norte de la ciudad de Guayaquil*. Tesis doctoral, Universidad de Guayaquil.

Barrow. J. (1977). The variables of leadership: A review and conceptual framework. *Academy of Management Review*, 2 (2), 231-251

Bass, B.M. (1985). *Leadership and performance beyond expectations*. Nueva York: Free Press.

Bass, B.M. (1998). *Transformational leadership: industrial, military and educational impact*. Mahwah, Nueva Jersey: Erlbaum.

Bass, B.M. (1999). Two decades of research and development in transformational leadership. *European Journal of Work and Organizational Psychology, 8* (1), 9-26.

Bass, B.M. y Avolio, B.J. (1994). *Improving organizational effectiveness through transformational leadership*. Thousand Oaks, California: Sage.

Bass, B.M. y Avolio, B.J. (1995). *MLQ Multifactor Leadership Questionnaire: Sampler Set*. Redwwod City, California: Mind Garden.

Bass, B.M. y Riggio, R.E. (2006). *Transformational Leadership*. Mahwah, Nuneva Jersey: Erlbaum Associates.

Bateson, G. y Ruesch, J. (1984). *Comunicación. La matriz social de la Psiquiatría*. Barcelona: Paidós.

Belbin, M. (1981). *Management Teams, Why They Succeed or Fail*. Oxford: Heinemann

Bell, A. y Smith, D. (2001). *Aprenda a tratar con personas conflictivas*. Barcelona: Gestión 2000.

Bercovitch, J.; Kremenyuk, V. y Zartman, I.W. (2009). *The Sage Book of Conflict Revolution*. London: Sage.

Berlo, D.K. (1987). *El proceso de la comunicación. Introducción a la teoría y la práctica*. Buenos Aires: El Ateneo.

Bisquerra, R. (2000). *Educación emocional y bienestar*. Barcelona: Praxis.

Bleger, J. (1975). *Psicología de la conducta. Conflicto y conducta, en Análisis dinámico del comportamiento*. La Habana: Félix Varela.

Bloom, G.A.; Crumpton, R. y Anderson, J.E. (1999). A Systematic Observation Study of the Teaching Behaviors of an Expert Coach Basketball. *The Sport Psychologist, 13*, 157-170.

Boqué, M.C. (2003). *Cultura de mediación y cambio social*. Barcelona: Gedisa.

Bunderson, J.S. y Sutcliffe, K.A. (2003). Management team learning orientation and business unit performance. *Journal of Applied Psychology, 88*, 552-560

Burns, J.M. (1978). *Leadership*. Nueva York: Harper y Row.

Butts, T.; Munduate, L.; Barón, M. y Medina, F.J. (2005). Intervenciones de mediación. En L. Munduate y F. J. Medina (Coords.), *Gestión del conflicto, negociación y mediación* (pp. 265-303). Madrid: Pirámide.

Caerols, R. y Tapia, A. (2014). Boceto, experimentación y creatividad en la conformación de los procesos creativos. *Creatividad y sociedad: Revista de la asociación para la creatividad, 20*, 1-30.

Calviño, M. (2004). *Actos de comunicación, desde el compromiso y la esperanza.* La Habana: Fermín Romero.

Cantón, J. (2017). *Pensamiento visual para la creatividad y la narrativa mediante herramientas digitales.* Sevilla: UNIA.

Cantón E. y Checa I. (2012). Los Estados Emocionales y su Relación con las Atribuciones y las Expectativas de Autoeficacia en el Deporte. *Revista de Psicología del Deporte, 21* (1), 171-176.

Canton, E. y León, E.M. (2005). La resolución de conflictos en la práctica deportiva escolar. *Cuadernos de psicología del deporte, 5* (1), 159-171.

Carazo Muriel, J.A. (2014). La gestión de un gran equipo profesional. *Diario de Ley, 8*, 431.

Carrasco, J.R. y De Costa, I.J. (2013). Gestión de equipos: Herramientas para una dirección eficaz. *Gaceta de optometría y óptica oftálmica, 478*, 84-87.

Casado, Ll. (2002). *Aprender a organizar el tiempo.* Barcelona: Paidós.

Castelo, J. *(1994): Futebol. FMH.* Lisboa: Paidos.

Castells, Manuel (2009). *Comunicación y poder.* Madrid: Alianza.

Castro, B. (2007). *El Auge de la Comunicación Corporativa.* Sevilla: Creative Commons.

Chelladurai, P. (1993). Leadership. En R.N. Singer, M. Murphey y L.K. Tannat (Orgs.), *Handbook of research on sport psychology* (pp. 647-671). New Jersey: John Wiley & Sons.

Chelladurai, P. (1990). Leadership in sports: a review. *International Journal of Sport Psychology, 21*, 328-354.

Chiocchio, F. y Essiembre, H. (2009). Cohesion and performance: A meta-analytic review of disparities between. Project Teams, production teams, and service teams. *Small Group Research, 40*, 382-420.

Choliz, M. (2005). *Psicología de la emoción: el proceso emocional.* Valencia. Universitat de Valencia.

Cloke, K. (1989). *Diseño de Sistemas para la Solución de Conflictos.* La Habana: Universidad de La Habana.

Cortés-Valiente, J. (2017). Liderazgo emocional: cómo utilizar la gestión emocional en la gestión de los colaboradores. *Memorias, 15* (28). Recuperado de https://revistas.ucc.edu.co/index.php/me/article/view/2197/2258.

Costa, V.T. (2003). *Análisis del perfil de liderazgo actual e ideal de entrenadores de fútbol sala de alto rendimiento, a través de la Escala de liderazgo en el deporte (ELD).*

Tesis Doctoral de Maestría, Universidad Federal de Minas Gerais, Belo Horizonte.

Costa, I.T. y Samulski, D.M. (2006). El perfil de liderazgo de entrenadores de fútbol del campeonato brasileño serie A/2005. *Revista Brasileña de Educación Física y Deporte, 20* (3), 175-184.

Costes, A. y Saiz De Ocariz, U. (2012). Los conflictos en clubes deportivos con deportistas adolescentes. *Apunts: Educación física y deportes, 108,* 46-53.

Covey, S. (1995). *Los siete hábitos de la gente altamente efectiva.* Barcelona: Paidós.

Covey, S. (2003). *Los 7 hábitos de la gente altamente efectiva: la revolución ética en la vicia cotidiana y en la empresa.* Buenos Aires: Paidós.

Cruz-Lemus, J.A; Género, M; Gómez, M y Acuña, S. (2012). Formación de equipos de trabajo basada en factores de la personalidad de los integrantes: un estudio empírico. *XVII Jornadas Sobre la Enseñanza Universitaria de la Informática* (pp. 97-104). Sevilla: Universidad de Sevilla.

Cunillera, R. (2006). Importancia del trabajo colectivo en fútbol. *Training football: revista técnica profesional, 130,* 30-37.

Damasio, A. (2005). *En busca de Spinoza: neurobiología de las emociones y los sentimientos.* Barcelona: Crítica.

Davidson, J. (2000). *La gestión del tiempo.* Madrid: Pearson Educación.

Davis, K. (1985). *Comportamiento Organizacional.* México: Mc Graw Hill.

De Diego Vallejo, R., Guillen Gestoso, C. (2010). *Mediación. Proceso. Táctica y técnicas.* Madrid: Pirámide.

De la maza, G. (2013). ¿Quién eres, qué haces y quién te financia? Transparencia y roles cambiantes de las organizaciones de la sociedad civil. *Revista española del tercer sector, 24,* 89- 110.

Deckers, L. (2001). *Motivation. Biological, Psychological and Environmental.* Boston: Allyn and Bacon.

Deutsch, M. (1969). Conflictos: productivos y destructivos. En J.R. Torregrosa y E. Crespo (Coords.), *Estudios básicos de Psicología Social* (pág.669-700). Barcelona: Hora.

Díaz, J.M. y Gámez, E. (2010). *Motivation y emoción: Investigaciones actuales.* La Laguna: Universidad de la Laguna.

Diez, F. y Tapia, G. (2004). *Herramientas para trabajar en mediación.* Buenos Aires: Paidós

Effenberg, A. y Mechling, H. (1998). Bewegung hörbar machen - Warum? Zur Perspektive einer systematischen Umsetzung von Bewegung in Klänge. *Psychologie und Sport, 1,* 29-38.

Ekman, P. (1972). Universals and cultural differences in facial expressions of emotions. En J. Cole (Coord.). *Nebraska Symposium of motivation* (pp. 207-283). Lincoln: University of Nebraska Press.

Ekman, P. (1993). Facial expression and emotion. *American Psychologist, 48*(4), 384-392.

Ekman, P. (2003). Darwin: Deception and facial expression. *Annals of the New York Academy of Sciences, 1000,* 205-210.

Enebral, J. (2004). Fluir, de Mihaly Csikszentmihalyi. *Capital humano: revista para la integración y desarrollo de los recursos humanos, 177,* 116-117.

Feldman, L. y Blanco, G. (2006). Las emociones en el ambiente laboral: un nuevo reto para las instituciones. *Revista de la Facultad de Medicina, 29* (2), 103-108.

Fernández, I. (1999). *Prevención de la violencia y resolución de conflictos.* Madrid: Narcea.

Ferrer, V. (2008). La creatividad como proceso final del psicoanálisis. *Ferrol Análisis: revista de pensamiento y cultura, 23,* 212-221.

Fiedler, F. y Chemers, M. (1981). *Liderazgo y administración eficaz.* São Paulo: Universidad de São Paulo.

Fierro, I. y Villalba, M. (2017). El liderazgo democrático: Una aproximación conceptual. *INNOVA Research Journal, 2* (4), 155-162.

Fimenia, N. (2005). Manejo de los conflictos en las organizaciones. *Revista de Educación Eocial.* Recuperado de http://www.forodeseguridad.com/artic/admin2/adm_5232.htm.

Fisher, R. (1985). *Sí de acuerdo: cómo negociar sin ceder.* Bogotá: Norma.

Forsyth, P. (2005). *Cómo administrar su tiempo.* Barcelona: Gedisa.

Fuentes, M. (2001). *Mediación en la solución de conflictos.* Bogotá: Planeta.

Galera, M.V., y Molina, M.M. (2016). *La escucha activa. Aprendizajes plurilingües y literarios: nuevos enfoques didácticos.* Alicante: Universidad de Alicante.

Gallego Sánchez, E. (2009). Sobre el arbitraje estatutario. En particular el de equidad. *Revista de Derecho de Sociedades, 36,* 74-75.

García, I. (2008). Los ocho tipos de emprendedores. *Emprendedores: las claves de la economía y el éxito profesional, 132,* 22-26.

García, J. (2013). Las diez claves para trabajar en equipo eficazmente. *Economist and Jurist, 167,* 75- 80.

García, F.J., Valero, A. y Sánchez, B.J. (2017). Estilos de enseñanza de los entrenadores de fútbol. *TRANCES: transmisión del conocimiento educativo y de la salud, 1,* 15-22.

Gil, F; Rico, R. y Sánchez, M. (2008). Eficacia de equipos de trabajo. *Papeles del Psicólogo, 29* (1), 25-31.

Godoy, R. y Bresó, E. (2013). ¿Es el liderazgo transformacional determinante en la motivación intrínseca de los seguidores? *Revista de psicología del trabajo y de las organizaciones, 29* (2), 59-64.

Goleman, D. (1995). *Inteligencia emocional*. Barcelona: Kairós.

Goleman, D. (1999). *La Inteligencia Emocional en la Empresa*. Barcelona: Vergara.

González-Capitel, C. (2001). *Manual de mediación*. Barcelona: Atelier.

Grover Duffy, G.K.; James, W. y Olczak, P.V. (1996). *La mediación y sus contextos de aplicación. Una introducción para profesionales e investigadores*. Barcelona: Paidós.

Guerri, M. (2016). *Inteligencia emocional: una guía útil para mejorar tu vida*. Madrid: Mestas.

Gutiérrez, G. (2013). *El comportamiento emprendedor de El Salvador: Contexto, características y factores de éxito del emprendedor salvadoreño*. Sevilla: Unia.

Heckel, R.V., Allen, S.S. y Blackmon, D. (1986). Tactile communication of winners in flag football. *Perceptual and Motor Skills, 63,* 553-554.

Heinemann, P. (1980). *Pedagogía de la comunicación no verbal*. Barcelona: Herder.

Hernández Mendo, A. (1998). La comunicación grupal. En J.M. Canto (dir.), *Psicología de los grupos. Estructura y procesos* (pp. 131-156). Archidona, Málaga: Aljibe.

Hernández Mendo, A., y Garay, O. (2005). *La comunicación en el contexto deportivo*. En A. Hernández Mendo (Coord.), *Psicología del deporte. Fundamentos* (pp. 199-265). Sevilla: Wanceulen.

Hervás, G. (1998). *Cómo dominar la comunicación verbal y no verbal*. Madrid: Playor.

Hochheiser, R.M. (2000). *Administre su tiempo eficazmente*. Barcelona: Ediciones Gestión.

Holm, S. (2010). *Su plan de negocios en pasos*. México: Editorial Panorama

Huertas, M., Valentina, I. y Crespo, J. (2014). La investigación sobre emprendimiento en el ámbito deportivo. Revisión de los documentos publicados en el WOS. *Journals of sport economics & management, 4,* 55-66, España: Madrid.

Iglesias, J. (2011). La Bundesliga es el ejemplo: la excelente gestión del fútbol germano. *Época, 1360,* 14-19.

Jeanneret, G.; Oña, A.; Vaiman, M. y Pereno, G. (2015). Estudio bibliométrico de publicaciones científicas que utilizan pruebas de reconocimiento de emociones faciales. *Anales de Psicología, 31,* 324-337. Recuperado de https://dialnet.unirioja.es/servlet/articulo?codigo=4920506

Jiménez Burillo, F. (1985). Algunas (hipo)-tesis sobre la psicología social. *Boletín de Psicología, 6,* 75-79.

Klimenko, O. (2017). Bases neuroanatomías de la creatividad. *Katharsis: Revista de Ciencias Sociales, 24,* 207-238.

Koch, R. (1999). *El Principio Del 80/20: El secreto de lograr más con menos.* Barcelona: Paidós.

Kozlowski, S. e Ilgen, D. (2006). Enhancing the effectiveness of work groups and teams. *Psychological Science in the Public Interest, 7* (3), 77-124.

Leal, J., Da Cunha, R. y Evangelho, J. (2004). A comparação da preferência do estilo de liderança do treinador ideal entre jogadores de futebol e futsal. *EFDeportes.com, Revista Digital,* 76. Recuperado de http://www.efdeportes.com/efd76/lider

Lederach, J. P. (1990). *Elementos para la resolución de conflictos.* México: SERPAJ

Leo, F., Sánchez, P.A., Sánchez, D., Armado, D. y García, T. (2012). Análisis del clima motivacional como antecedente de la Eficacia Colectiva en Futbolistas Profesionales. *Revista de Psicología del Deporte, 21* (1), 159-162

León, J. (2010). *Inteligencia emocional y motivación en el deporte.* Las Palmas de Gran Canaria: Universidad de las Palmas de Gran Canaria. Recuperado de https://acceda.ulpgc.es/bitstream/10553/4868/1/0622360_00000_0000.pdf

Levenson, R.W. (1994). *Human emotion. A functional view. The nature of Emotions: Fundamental Questions.* New York: Oxford University Press.

Lewicki Roy J., Litterer J. A., Minton J. W. y Saunders D. (1994). *Negotiation.* Illinois: Irwin Professional Publishing.

Lewin, K., Lippitt, R. y White, R.K. (1939). Patterns of aggressive behavior in experimentally created «social climates». *Journal of Social Psychology, 10,* 271-299.

López, M.C. (2006). *La relación del perfil de liderazgo de los entrenadores de voleibol con la satisfacción de las atletas en la Superliga Femenina 2004/2005/2006.* Tesis de Maestría, Universidad Federal de Minas Gerais, Belo Horizonte.

López, E. y Rodríguez, N. (2015). Emociones. En J.M. Sabueco y J.F. Morales (Coords.), *Psicología social* (pp. 81-97). Madrid: Editorial Médica Panameriacana.

Londoño, M.C. (2008). *Inteligencia emocional y social en la empresa.* Gráficas Marcar: Madrid, 197.

Marroquín, M. y Villa, A. (1995). *La comunicación interpersonal. Medición y estrategias para su desarrollo.* Bilbao: Mensajero.

Martens, R. y Peterson, J.A. (1971). Group cohesiveness as a determinant of success and member satisfaction in team performance. *International Review of Sport Sociology, 6,* 49-61.

Martín, C. y Márquez, S. (2008). Relación entre estilo de liderazgo del entrenador y rendimiento en la natación sincronizada. *Fitness and Performance Journal, 6* (6), 394-397.

Martínez, J. (2016). *Inteligencia emocional y rendimiento deportivo en el fútbol femenino de alta competición.* Valladolid: Universidad de Valladolid. Recuperado de https://uvadoc.uva.es/bitstream/10324/18817/1/Tesis1113-160915.pdf.

Martínez De Murguía, B. (1999). *Mediación y resolución de conflictos. Una guía introductoria.* México: Paidós.

Martínez-Otero Pérez, V. (2011). Convivencia escolar: problemas y soluciones. *Revista Complutense de Educación, 12* (1), 295-318.

Mayer, J.D., Roberts, R.D. y Barsade, S.G. (2008). Human Abilities: Emotional Intelligence. *Annual Review of Psychology, 59,* 507-536.

McFarlane, D.A. y Cooper, T.V. (2014). Brief Synthesis of Team Leadership Effectiveness and Performance. *Management and Administrative Sciences Review, 3* (2), 221-225.

McQuail, D. y Windahl, S. (1997). *Modelos para el estudio de la comunicación colectiva.* Pamplona: Ediciones Universidad de Navarra.

Ménard, J. D. (2004). *Cómo organizar el tiempo en la vida personal y profesional.* Barcelona: Larousse.

Mendoza, E. (2016). Nueva filosofía del trabajo: trabajar para el siguiente, trabajar para el equipo. *Prevention world magazine: prevención de riesgos, seguridad y salud laboral, 69,* 26-28.

Menéndez, M. (2015). A tu imagen y semejanza: la personalidad del emprendedor define la forma de ser de la empresa, ¿a cuál perteneces tú? *Emprendedores: la clave de la economía y el éxito personal, 211,* 56-60.

Molina-García, V.A. (2014). *Estilos de liderazgo en equipos de fútbol juveniles (16-18 años) de la provincia de granada y su relación con los climas motivacionales generados por los entrenadores.* Tesis doctoral, Universidad de Granada.

Moore, C.W. (1994). *Negociación y mediación.* País Vasco: Ediciones Granica

Northouse, P.G. (2001). *Leadership: Theory and practice.* Thousand Oaks, California: Sage Publications.

Oatley, K. (1992). *Bestlaid schemes: The psychology of emotions.* New York: Cambridge University Press.

Olmedilla, A., Ortega, E., Andréu, M. y Ortín, F. (2010). Programa de intervención psicológica en futbolistas: evaluación de habilidades psicológicas mediante el CPRD. *Revista de Psicología del Deporte, 19* (2), 249- 262.

Orte Socías, C.; Ballester Brage, L. y Oliver Torrelló, J.L. (2003). Estrategias para la resolución de conflictos. *Revista Electrónica Interuniversitaria de Formación del*

Profesorado, 6 (2). Recuperado de http://www.aufop.org/publica/reifp/03v6n2.asp.

Parlebas, P. (1981). *Contribution á un lexique commenté en science de l'action motrice*. París: INSEP.

Pastor, Y. (2006). *Psicología social de la comunicación. Aspectos básicos y aplicados*. Madrid: Pirámide.

Pearson, J. C.; Turner, L. H. y Todd Mancillas, W. (1993). *Comunicación y género*. Barcelona: Paidós.

Pereira, A. (1996). *A relaçao treinador-atleta. Estudo dos comportamentos de entusiasmo em voleibol*. Tesis de maestría, Universidad Técnica de Lisboa.

Pérez Ibarra, A. (2016). La administración del tiempo: Una prioridad en la vida. *Revista de la Universidad de la Salle*, 69, 193- 205.

Piera, G. (2016). *El arte de gestionar el tiempo*. Barcelona: Alienta.

Poyatos, F. (1993). *Paralenguaje*. Amsterdam: John Benjamins Publishing Company.

Poyatos, F. (1994). *La comunicación no verbal. Vol. II. Paralenguaje, kinésica e interacción*. Madrid: Istmo.

Rackman, N. (1993). *The Behavior of successful negotiators. En Negotiation, Readings, exercises and cases*. Boston: IRWIN.

Redorta, J. (2004). *Cómo analizar los conflictos. La tipología de conflictos como herramienta de mediación*. Barcelona: Paidós.

Rey, A. y Trigo, E. (1995). *Abriendo líneas de investigación en la creatividad motriz. II Congreso de ciencias del deporte, la educación física y la recreación*. Lleida.

Rey Martínez, J. (2010). El liderazgo y los deportes colectivos. *EFDeportes.com, Revista Digital*, 14 (140). Recuperado de: http://www.efdeportes.com/efd140/el-liderazgo-y-los-deportes-colectivos.htm

Ribeiro, L. (1994). *La comunicación eficaz*. Buenos Aires: Urano.

Rico, R., y Cohen, S.G. (2005). Effects of task interdependence and type of communication on performance in virtual teams. *Journal of Managerial Psychology*, 20 (3/4), 261-274.

Ríos Muñoz, J.N. (1997). *Como Negociar a Partir de la Importancia del Otro*. Bogota: Planeta.

Robertson, A. (1994). *Saber Escuchar. Guía para tener éxito en los negocios*. Madrid: IRWIN.

Rodrigo, L. (2005). *Habilidades directivas y técnicas de liderazgo*. Madrid: Ideas propias.

Roebuck, C. (2000). *Comunicación Eficaz*. Barcelona: Blume Empresa.

Roffé, M. y Rivera, S. (2012). *Las diferentes inteligencias aplicadas al fútbol para optimizar el rendimiento*. Buenos Aires: Asociación de Psicología del Deporte

Argentina. Recuperado de http://www.psicodeportes.com/articulos/verArticulo.php?id=236

Ross, M.H. (1995). *La cultura del conflicto*. Barcelona: Paidos.

Ros Guasch, J.A. (2007). *Análisis de roles de trabajo en equipo, un enfoque centrado en comportamientos*. Barcelona: Universitat Autónoma de Barcelona.

Ros, A.; Moya-Faz, F. y Garcés, E. (2013). Inteligencia emocional y deporte: situación actual del estado de la investigación. *Cuadernos de Psicología del Deporte*, 13(1), 105-112.

Sampedro, J. (1999). *Fundamentos de táctica deportiva. Análisis de la estrategia de los deportes*. Madrid: Gymnos.

Sánchez Castilla, F.M. y Canto, J M. (1995). Comunicación no verbal. En L. Gómez Jacinto y J. M. Canto Ortiz (Coords.), *Psicología Social* (pp. 305-320). Madrid: Eudema.

Schein, E. (1995). *Cultura Empresarial y Liderazgo*. México: McGraw Hill.

Serrano, S. (1992). *La Semiótica. Una introducción a la teoría de los signos*. Barcelona: Montesinos.

Six, J.F. (1995). *Dinámica de la mediación*. Barcelona: Paidós.

Smith, J. (1995). *Understanding the Media. A Sociology of Mass Communication*. Nueva Jersey: Hampton.

Smoll, F. L. y Smith, R. E. (2009). *Claves para ser un entrenador excelente*. Barcelona: INDE

Smoll, F.L. y Smith, R.E. (1989). Leadership behaviors in sport: A theoretical model and research paradigm. *Journal of Applied Social Psychology*, 19, 1522-1551.

Stephens, D.E. (2001). Predictors of aggressive tendencies in girls' basketball: An examination of beginning and advanced participants in a summer skills camp. *Research Quarterly of Exercise and Sport*, 72, 257-266.

Suares, M. (1996). *Mediación. Conducción de disputas, comunicación y técnicas*. Buenos Aires: Paidós.

Tannen, D. (1996). *Género y discurso*. Barcelona: Paidós.

Tirado, S. (2006). *Competencias y habilidades profesionales para universitarios*. Madrid: Díaz de Santos.

Tomkins, S.S. (1982). *Affect, imagery, consciousness: The positive affects*. Nueva York: Springer.

Torrelles, C. Paris, G.; Roure, J.; Isus, S., Carrera, X. y Coiduras, J. (2011). La competencia de trabajo en equipo de los profesionales de la formación continua. *I Congrès d'Intelligència emocional a les organitzacions "La intelligència emocional com avantatge competitiu"*. Lleida.

Touzard, H. (1981). *La mediación y la solución de conflictos*. Barcelona: Herder.

Tutko, T.A. y Richards, J.W. (1984). *Psicología del entrenamiento deportivo*. Madrid: Augusto E. Pila Teleña.

Valdés, L. (2004). *El arte de inventar el futuro*. Colombia: Norma.

Vallejo, G. (2007). *Terminología no verbal en el deporte y la danza. Investigación adscrita al Instituto de Educación Física*. Antioquia: Universidad de Antioquia.

Vallejo, G. (2008). *La comunicación no verbal en el fútbol, la gimnasia y la danza*. Medellín: J.P. Producción.

Vallejo, G., Plested, M. C., Zapata, G. (2004a). La comunicación no verbal en el nado sincronizado. *Educación Física y Deporte*, 23 (2), 81-95.

Valls, A. (2003). *Las 12 habilidades directivas clave*. Barcelona: Gestión 2000.

Van der Vegt, G.S., Emans, B.J. y Van de Vliert, E. (2001). Patterns of interdependence in work teams: A two-level investigation of the relations with job and team satisfaction. *Personnel Psychology*, 54, 51-69

Vinyamata, E. (1999). *Manual de prevención y resolución de conflictos. Conciliación, mediación, negociación*. Barcelona: Ariel.

Vinyamata, E. (2003a). *Aprender mediación*. Barcelona: Paidós.

Vinyamata, E. (2003b). *Tratamiento y transformación de conflictos. Métodos y recursos en conflictología*. Barcelona: Ariel.

Warren, W. y Daer, G. (2004). *Futbol: Guía de supervivencia del entrenador de futbol: Técnicas de entrenamiento y estrategias para elaborar una planificación eficaz y un equipo ganador*. Barcelona: Paidotribo.

Watzlawick, P., Bavelas, J. B. y Jackson, D.D. (1997). *Teoría de la comunicación humana Interacciones, patologías y paradojas*. Barcelona: Herder.

Weinberg, R. y Gould, D. (2007). *Foundations of sport and exercise psychology*. Champaign, Illinois: Human Kinetics.

Weinberg, R. y Gould, D. (2008). *Fundamentos de la psicología del deporte y del ejercicio*. Porto Alegre: Artmed.

Zartman, S. y Zartman, P. (1997). *Youth Volleyball: The guide for coaches and parents*. Cincinnati, Ohio: Betterway Books.

www.ingramcontent.com/pod-product-compliance
Lightning Source LLC
Chambersburg PA
CBHW080251170426
43192CB00014BA/2643